成年後見法の
道標

1

—法定後見—

三田佳央 著

共同文化社

はしがき

私が成年後見業務に携わるようになってから5年が経過した。その中で、後見人としてどのように業務を遂行していけばよいのか、思い悩むことが少なくなかった。そして、ほかの司法書士など後見業務に携わる実務家の方も、また思い悩んでいることを知った。そこで、さまざまな後見業務における根拠を提示することを通じて、後見業務の遂行にあたるうえでの方向性を示す必要があると感じた。そのようなことを企図して執筆したのが本書である。

執筆の企図との関係で、本書の特徴は次の2点を挙げることができる。

まず、後見業務における根拠を丁寧に示すことに努めた。その根拠は、法令の条文だけでなく理論的なものも含まれている。そして、繰り返しを厭うことなく示している。これは、後見業務は広範囲に及ぶので、得てしてその根拠を見失いがちになってしまうからである。

次に、後見業務を遂行するにあたっての方向性を示すことに努めた。これは、後見業務の遂行は広範な裁量の中で行うことが多く、また、細かな選択の積み重ねによって行うことが通常なので、ついその方向性を見失ってしまい、成年後見制度の理念からはずれた業務遂行を行ってしまうケースが見受けられるからである。

本書がその企図したことを達しているものなのか否かは定かではないが、成年後見業務に携わる方々や、成年後見制度の研究に従事している研究者の方々にいささかでも役立つことができれば望外の幸いである。

令和6(2024)年6月30日

三田 佳央

目　次

第3章　後見人等の事務と権限・義務

第4章　後見監督人等

第5章　後見等の終了

第6章　成年後見制度の費用

第7章　後見等の登記

第8章　成年後見制度の在り方

略 語 一 覧 表

【法令】
介保 ： 介護保険法
家事 ： 家事事件手続法
家事規 ： 家事事件手続規則
刑 ： 刑法
憲 ： 日本国憲法
戸 ： 戸籍法
後見登記 ： 後見登記等に関する法律
後見登記省令 ： 後見登記等に関する省令
後見登記政令 ： 後見登記等に関する政令
裁 ： 裁判所法
司書 ： 司法書士法
自治 ： 地方自治法
社福 ： 社会福祉法
社福士 ： 社会福祉士及び介護福祉士法
障害総合支援 ： 障害者の日常生活及び社会生活を総合的に支援するための法律
人訴 ： 人事訴訟法
信託 ： 信託法
精神 ： 精神保健及び精神障害者福祉に関する法律
精保士 ： 精神保健福祉士法
知的障害 ： 知的障害者福祉法
仲裁 ： 仲裁法
登手令 ： 登記手数料令
任意後見 ： 任意後見契約に関する法律
破 ： 破産法
不登 ： 不動産登記法
不登令 ： 不動産登記令
弁護 ： 弁護士法
墓地 ： 墓地、埋葬等に関する法律
民 ： 民法
民委 ： 民生委員法
民訴 ： 民事訴訟法
民訴費 ： 民事訴訟費用等に関する法律
老福 ： 老人福祉法

【判例・雑誌】

大判 ： 大審院判決
最判 ： 最高裁判決
最大決 ： 最高裁大法廷決定
大阪地判 ： 大阪地裁判決
東京家審 ： 東京家裁審判
東京高判 ： 東京高裁判決
広島高岡山支判 ： 広島高裁岡山支部判決
広島高松江支決 ： 広島高裁松江支部決定
民録 ： 大審院民事判決録
民集 ： 大審院民事判例集、最高裁判所民事判例集
家月 ： 家庭裁判月報
高民 ： 高等裁判所民事判例集
下民 ： 下級裁判所民事裁判例集
判タ ： 判例タイムズ
登研 ： 登記研究

【文献】

新井ほか：新井誠・赤沼康弘・大貫正男編著「成年後見制度―法の理論と実務（第2版）」（有斐閣、2014年）
小林ほか：小林昭彦・大門匡・岩井伸晃編「新成年後見制度の解説（改訂版）」（きんざい、2017年）
新基本法親族：松川正毅・窪田充見編「新基本法コンメンタール親族（第2版）」（日本評論社、2019年）
新版注民（1）：谷口知平・石田喜久夫編者「新版注釈民法（1）総則（1）（改訂版）」（有斐閣、2002年）
新版注民（25）：於保不二雄・中川淳編者「新版注釈民法（25）親族（5）（改訂版）」（有斐閣、2004年）

【資料】

「概況」：最高裁判所事務総局家庭局「成年後見関連事件の概況―令和4年1月～12月―」

第1章
成年後見制度の概要

1. 成年後見制度を利用できるのはどんな人か

成年後見制度とは、家庭裁判所に選任された後見人等（補助人・保佐人・成年後見人をいう）が、精神上の障害により判断能力が低下した本人に代わって、財産管理や生活・療養看護に関する手続をすることによって、本人の権利を擁護するための制度である（民15条1項・11条・7条・876条の9第1項・876条の4第1項・859条）。ここで説明する成年後見制度のうちの法定後見制度には、本人の判断能力の程度に応じて、補助・保佐・後見の三類型があり（民15条1項・11条・7条）、利用した類型ごとに、本人に補助人・保佐人・成年後見人が付される（民16条・12条・8条）[1]。

このことから、成年後見制度を利用するには、①精神上の障害があること、②判断能力が低下していること、③判断能力の低下が精神上の障害が原因となっていること、という要件を充たしていることが必要となる。

(1) 精神上の障害があること

主な精神上の障害としては、認知症、知的障害、統合失調症、高次脳機能障害、気分障害などがある。身体障害はこれに含まれない。身体障

---

1) このほかに、任意後見制度がある。（第1章3（2）参照）。

害者の方は、財産管理等の委任契約など別の制度の利用を検討することになる。

成年後見制度の利用を開始する原因としては、令和４年は認知症が63.2％、知的障害が9.4％、統合失調症が8.7％、高次脳機能障害が4.1％となっており（「概況」参照）、認知症が原因となって成年後見制度を利用するケースが圧倒的に多い。認知症以外の精神上の障害を原因とする成年後見制度の積極的な利用が望まれるところである。

①認知症

認知症とは、一度正常に発達した知性・感情・意思の機能が低下し、日常生活に支障が生ずるような状態をいう[2)]。高齢者に多くみられる認知症は、「アルツハイマー病」と「血管性認知症」である。

アルツハイマー病とは、健忘を主たる症状として始まる代表的な認知症をいう[3)]。脳の神経細胞の急速な減少により脳が病的に委縮していく疾患である。ゆっくりと発症して徐々に悪化していき、最終的には高度の知能低下や人格の崩壊を伴う認知症である。

血管性認知症とは、脳血管性障害に基づく認知症のことをいう[4)]。障害の部位により症状は異なる。また、記憶力の低下が強いわりには判断力や理解力などが相対的によく保たれている場合があり、「まだら認知症」と呼ばれている。

認知症の症状としては、主に認知機能の障害であり、記憶の障害、見当識（時間・場所・人物に対する正しい認識）の障害、判断力・理解力の障害（自分の置かれた状況がわからない）、実行機能（計画や道筋をたてること）の障害などがある。幻覚や妄想、性格変化（怒りやすくなったり、道徳観がなくなったりなど）、異常行動（徘徊・過食・拒食・失禁など）を伴うことが多く見られる。

---

2) （公社）成年後見センター・リーガルサポート編「成年後見教室―実務実践編（３訂版）」（日本加除出版、2013年）159頁。

3) 新井ほか426頁。

4) 同上。

②知的障害

知的障害とは、知的な能力の発達に明らかな遅れがあり、日常生活において様々な状況に適応することに明らかな困難があるため、何らかの特別な支援を必要とする状態にあることをいう（厚生労働省による定義)。知的機能の障害が概ね 18 歳までの発達期に現れるという特徴がある。知的障害は、社会的・実用的な面で、知的機能と適応機能の両面の欠陥を含む障害といえる。また、論理的思考・問題解決・計画・抽象的思考・判断・学校や経験による学習のように、全般的な精神機能の支障による発達障害の一つでもあるといえる。

知的障害者の障害の程度については、知的能力と日常生活能力の両面から総合的に判断し、障害の程度を表したものが知的障害者手帳（自治体によって名称が異なり、「療育手帳」などと呼ばれている）の判定結果となっている。自治体によって判定表現は異なる（A・B・C など)。

知的障害者の特徴は、その人の障害の状態や生活経験などによって異なるが、①言語表現が苦手、②物事の理解が苦手、③身に付けるまでに時間がかかる、④記憶する量が少ない、⑤コミュニケーションが苦手、⑥状況判断や自己決定が苦手、といった特徴のあることが多いとされる[5)]。

③精神障害

(ア) 統合失調症

統合失調症とは、思考や知覚、感情などの一部がまとまらない状態となる脳の疾患のことである[6)]。精神障害の一種であるが、具体的な原因はまだ解明されていないとされる。

統合失調症の主な特徴としては、①幻覚（聞こえるはずのない声が、聞こえてくること（幻聴)）や妄想（実際にあるはずのないことを強く思い込んでしまい、訂正がきかないこと）の出現、②思考・意欲・行動・感情への影響、③あいまいな状況が苦手、④対人関係やコミュニケーションが不

---

5) 前掲リーガルサポート編 172-175 頁。

6) 同上 176 頁。

器用、⑤身辺などを管理（金銭管理・清潔保持・栄養管理・身体的健康の維持など）することが苦手、などである。

（イ）高次脳機能障害

高次脳機能障害とは、脳の病気などを原因とする精神障害のことである。高次脳機能障害の原因としては、脳卒中（脳梗塞・脳出血・くも膜下出血等）、脳外傷（交通事故・転落・暴力等）、脳腫瘍等の脳の病気や溺水、一酸化炭素中毒による低酸素脳症等がある[7]。

高次脳機能障害の主な症状としては、①記憶障害（新しい情報を覚えておくことができなかったり、過去に経験したことを思い出すことができなかったりすること）、②注意障害（集中力がなく、一度2つ以上の作業をすることができない）、③遂行機能障害（物事を順序立てて計画し、それを実行することができない）、④社会的行動障害（感情のコントロールができない）などがある。そのほかにも、意欲低下、疲れやすい、失語などを伴うことがある。高次脳機能障害は外見からは分からないことが多い。

（ウ）気分障害

気分障害とは、楽しい気分や憂うつな気分などのような感情に影響を及ぼす精神疾患のことである。気分障害の中で重要なのは、うつ病と双極性感情障害である。

うつ病とは、抑うつ気分・興味と喜びの喪失・疲れやすくなったり活動性が減少したりすることをいう[8]。うつ病の主な原因はストレスである。

双極性感情障害とは、うつ状態と躁状態にある疾患である。躁うつ病ともいう。躁状態は、高揚した気分と活動性の増大が中心的な症状である状態のことである。躁状態だけの人は少なく、いずれうつ状態になることが多いようである。双極性感情障害の原因は、遺伝的な素因が想定されている[9]。

気分障害において、判断能力が問題となるのは、主に短期的な判断能

[7] （公社）成年後見センター・リーガルサポート編「成年後見教室―実務実践編（3訂版）」（日本加除出版、2013年）180頁。
[8] 新井ほか434頁。
[9] 同上435頁。

力の障害であり、長期的な判断能力が問題となることはほとんどないため、気分障害が成年後見制度の対象となることは多くないと考えられている[10)]。

(エ) 発達障害

発達障害とは、自閉スペクトラム症（ASD。自閉症・アスペルガー症候群その他の広汎性発達障害）・学習障害（LD）・注意喚起多動性障害（ADHD）その他これに類する脳機能の障害であってその症状が通常低年齢で発現するものをいう[11)]。

自閉スペクトラム症の特徴としては、「社会的コミュニケーションや対人関係の困難さ」「限定された行動・興味・反復行動」などが挙げられる。学習障害の特徴としては、全般的な知的発達に遅れはないものの、「聞く」「話す」「読む」「書く」「計算・推論する」といった能力に困難が生じることである。注意喚起多動性障害の特徴としては、「集中力がない」「じっとしているのが難しい」「思いつくとすぐに行動に移してしまう」などが挙げられる。

発達障害は、外見からは判断がしにくく、また症状や困りごとなどは人それぞれである。このような状況が生じるのは、生まれつき脳機能の発達の偏りによる障害があるからである。

(2) 判断能力が低下していること

判断能力とは、自分で契約などの意味や内容を理解して判断することをいう。例えば、日用品を購入したり、不動産を売買したり、お金を借りたりすることを、自分で判断して行うことができるということである。契約などの法律行為による利害得失を判断する能力（法律行為が自己にとって利益か不利益かを判断する能力）が不十分な状況にあれば、判断能力が低下していることになる[12)]。民法上は「事理を弁識する能力（事理弁識能力）」と表現されている（民15条1項、11条、7条）。この判断能

---

10) 同上436頁。

11) 発達障害の概要については、鈴木裕介編著「障害福祉に関する法律・支援・サービスのすべて」（ナツメ社、2023年）48-51頁参照。

12) 小林ほか50頁。

力が低下している者は、他人の支援が必要であるため、成年後見制度の利用が認められている。

成年後見制度開始の申立てにおいて、精神上の障害により判断能力が低下しているかどうかは、医師が作成した「診断書（成年後見用）」を参考に判断される。成年後見制度の利用を検討している場合には、まず、かかりつけ医や精神科の医師に「診断書（成年後見用）」を作成してもらうことが必要である。なお、医師が「診断書（成年後見用）」を作成するに際しては、本人を担当しているケアマネージャー等の福祉関係者が作成する「本人情報シート」を医師に提供することが原則である。医師は提供された「本人情報シート」を参考に診断書を作成することになっている。ただ、「本人情報シート」が提供されなくても、医師は診断書を作成することができる。

(3) 判断能力の低下が精神上の障害を原因として生じていること

精神上の障害が原因で判断能力が低下している場合に、成年後見制度の利用が認められている。高齢になると判断能力が低下してくることもるが、それだけでは成年後見制度の利用は認められていない。また、未成年者も判断能力が不十分であるが、精神上の障害が原因ではないため、成年後見制度を利用することができない[13)]。もっとも、未成年者であっても、精神上の障害により判断能力が低下している状況にあれば、成年後見制度を利用することはできる[14)]（民18条1項・14条1項・10条参照）。

2. 成年後見制度を利用するきっかけ・動機

どんなときに成年後見制度の利用を検討したら良いのか。成年後見制

13) 小林ほか 49-50 頁。
14) 同上 50 頁。

度の利用を検討する「きっかけ」はさまざまなものがあるが、主なものを下記に述べることとする。

(1) 成年後見制度を利用するきっかけ

① 身寄りがない高齢者などの場合

身寄りがない高齢者などが認知症等により判断能力が低下している場合には、成年後見制度を利用することが考えられる。例えば、身近に本人を支援できる親族がいない場合、身近にいる親族が高齢で本人を支援できない場合、親族との関係が良くなくて疎遠になっていて連絡が取れなくなっている場合、などである。このようなケースでは、本人に医療機関への入院や介護施設への入所が必要となったときに、本人の現状に適した支援をすることが困難となる。

医療機関に入院する場合には手続をする必要がある。また、医療機関から緊急連絡先や入院費の支払いの保証人を求められることが少なくない。施設に入所する場合にも、施設と入所契約の手続をする必要がある。また、入所の際に施設から保証人を求められる。保証人がいないと入所することができない施設が多いのが現状である。

このようなケースで本人に後見人等が付いていれば、本人の代わりに入院や入所の手続をすることができるし（民859条1項）、入院中であれば医療機関と連携して対応することができるため、本人の治療が円滑に進められる。また、施設入所に関しても、たとえ保証人がいなくても後見人等が付いていれば入所を認める施設が増えている。入院や入所にかかった費用は、後見人等が管理している本人の財産の中から支払いをすることになるので（民861条2項）、これらの支払いを滞納するという心配がなくなる。

このように、もし身寄りがない高齢者に入院や入所の必要性が生じたとしても、成年後見人が付いていることによって、そのときに後見人等が入院や入所の手続をすることができるし、入院後や入所後については後見人等が医療機関や施設と連携が取れるので、本人は安心して日々の生活を送ることができる。特に独居の高齢者に成年後見制度の利用を検討する価値が高いと考えられる。

②適切な財産管理ができていない場合

認知症等により判断能力が低下していて、適切な財産管理ができていない高齢者には、成年後見制度を利用することが考えられる。適切な財産管理ができていない場合とは、例えば、各種健康保険料や固定資産税等の税金の納付を滞納している場合、介護施設の利用料等の介護サービス利用料や公共料金等の生活に必要な費用等の未払いがある場合、不要な物を購入した・不要なサービス利用の契約をしている場合、などである。

各種健康保険料を滞納すると、保険証が交付されなくなって保険診療を受けられないため、医療費を10割負担で支払わなければならなくなってしまう（この場合でも、後に還付を受けることができるが、手続をしなければならない）。また、各種健康保険料や税金を滞納し続けていると、公的年金や所有不動産等の資産を差し押さえられてしまうこともある。介護サービスの利用料を支払わないままでいると、介護サービス利用の契約が解除されてそのサービスを利用することができなくってしまうことがある。公共料金等の支払いを滞納すると、電気・ガス・水道などといったライフラインが止まってしまい、生活するにあたって非常に困ったことになりかねない。

また、不要な物の購入や不要なサービス利用の契約をすることを続けていると、今後の生活に必要な財産を失うことになることもあり、介護サービスを利用するときや介護施設に入所するときに、それらのサービスの利用料を支払うだけの財産がなくてそれらのサービスを利用できなくなるおそれがある。場合によっては、生活が困窮してしまうこともある。

後見人等には、本人に代わって本人の財産を管理する権限が法律により認められている（民876条の9第1項・876条の4第1項・859条1項）。このようなケースで後見人等が付いていれば、すでに各種健康保険料や税金等の滞納があれば、役場の担当者と協議して納付計画を立ててそれに従って納付することができるため、保険証が交付されて保険診療を受けることができるし、資産を差し押さえられることもない。介護サービスの利用料が未払いであっても、事業所と協議して未払いの利用料を計画的に支払うことができるので、介護サービスを利用し続けることができる。公共料金等の未払いがある場合についても同様であり、ライフラインが止まって生活に支障をきたす事態を回避することができる。

また、後見人等には、本人が締結した契約を取り消す権限が法律によって認められているため（民17条1項4項・13条1項4項・9条本文）、本人が不要な物の購入や不要なサービス利用契約をしたとしても、後見人等がその契約を取り消して本人の財産を守ることができる。

それだけでなく、本人が生活に困窮しているときには、生活保護等の行政サービスを利用するための手続を、後見人等が本人に代わってすることができる。

このように、判断能力が低下していて適切な財産管理ができていない高齢者に後見人等が付いていることによって、本人の財産を守ることができ、安心して日々の生活を送ることが可能となる。

③各種手続を本人自らできない場合

認知症等により判断能力が低下している人に後見人等が付いていないと、有効に契約などの法律行為をすることができないことがあり、そのため様々な手続ができないことがある。例えば、相続が発生したが相続人に認知症の人がいる場合の相続手続、不動産を売却したいが所有者が認知症になっている場合の不動産の売却手続、などである。

このようなケースでは、たとえ遺産分割協議をした場合や、不動産を売却する契約を締結した場合であったとしても、それらの行為は法律上無効なものとして扱われることがある。そうなると、相続人は遺産分割協議によって権利を取得することができないし、買主は不動産を取得することができない。これは、自己の行為の結果を判断する精神的能力（意思能力）を持たない人がした契約等の法律行為は無効だからである（民3条の2）[15]。判断能力が低下していたとしても意思能力がないとは限らないが、判断能力を欠いている場合は意思能力も喪失していることに

15) 大判明治38（1905）年5月11日民録11輯706頁、我妻栄「新訂民法総則（民法講義Ⅰ）」（岩波書店、1965年）60頁。

なり、また、判断能力が低下しているものの欠いていない場合であっても意思能力を喪失しているとされることもある[16)]。

ただ、このようなケースで後見人等を付いている場合には、相続手続や不動産の売却の手続が終わっても、後見人等が付いたままであるという点に注意が必要である。後見人等が辞任するには、家庭裁判所の許可を得る必要があるが、一度後見人等が付くと、正当な事由がない限り、家庭裁判所による辞任の許可を得ることができない（民876条の７第２項・876条の２第２項・844条)。そのため、このようなケースで成年後見制度の利用を検討するときには、相続手続や不動産の売却手続が完了した後のことも考慮する必要がある。

④親なき後問題

成年後見制度の利用を検討する場合として、「親なき後問題」がある。「親なき後問題」とは、知的障害者や精神障害者を子に持つ親が、現在のところ、その子の財産管理や監護教育をしているが、将来その親の死後や判断能力や身体能力が低下したときに、その子の財産管理などを誰が行うかという問題である。

このようなケースで、知的障害や精神障害を持つ子の判断能力が低下していれば、その子に後見人等を付けることが考えられる。親としては、自分が元気なうちは自分で子の面倒を見ていきたいという思いが強いであろうから、親自身がその子の成年後見人になることが、その想いに適うといえるのではないか。

ただ、後見人等に誰を選任するかは家庭裁判所が職権で決定すること（民876条の７第１項・876条の２第１項・843条１項）であるから、その思惑と違って第三者が後見人等になることがある。特にこのようなケースでは、親が高齢であることもあるため、弁護士や司法書士などの専門職が成年後見人に選任されることがある。もっとも、第三者が後見人等に選任された場合には、親の死後も引き続き子の財産管理など行うことができるので、その点においては、子の利益に適うといえるであろう。

16) 新井ほか 24-25 頁、小林ほか 99 頁。意思能力と判断能力との関係につき第１章４（４）を参照。

子が身体障害者であるなど判断能力が低下していない場合には、任意後見制度を利用することが考えられる。任意後見制度とは、本人が判断能力を有する状況において、将来認知症などで判断能力が低下したときに、信頼できる人に対して財産管理などを行う代理権を与える契約である（任意後見2条1項)。このようなケースで任意後見制度を利用すれば、親は子の判断能力が低下したときに、信頼できる者に財産管理などを任せることができる。そのため、たとえ子の判断能力が低下したとしても、親自身が子の財産管理や監護教育をすることができなくなるまでは、親自身が子の財産管理などを行うことができ、親の判断能力・身体能力の低下により、財産管理などを行えなくなった場合には、信頼できる者により財産管理などが行われるので、親の思いに寄り添いつつ、その子の利益を守ることができる。実際にも、信頼できる第三者を任意後見人とする任意後見契約を締結し、子の判断能力が低下した後に、親の判断能力・身体能力の低下が契機となって、任意後見人となるべき者などが家庭裁判所に任意後見監督人の選任の申立てをして、任意後見契約の効力を生じさせる（任意後見契約は任意後見監督人が選任された時からその効力を生ずる（任意後見2条1号)）ことが少なくない[17)]。

ただ、通常は、親の方が子より先に亡くなることから、この場合は、任意後見契約は終了するので（民653条1号)、後見等（補助・保佐・後見をいう）開始の申立てをして後見人等を選任しなければならなくなる（民15条1項・16条・11条・12条・7条・8条)。

「親なき後問題」で成年後見制度を利用する場合には、その親子の状況によって利用できる制度が異なるだけでなく、それぞれの制度を利用するうえでのメリット・デメリットがあることを十分に理解しておく必要がある。そのため、このようなケースで成年後見制度の利用を検討される際には、まず、弁護士や司法書士などの専門家に相談されるとよいであろう。

---

17) 山本修・冨永忠祐・清水恵介編「任意後見契約書の解説と実務」（三協法規（出版・2014年)）39頁。

⑤老老介護の場合

「老老介護」の場合にも成年後見制度の利用が考えられる。「老老介護」とは、高齢になった夫婦や親子の一方が他方の介護をしていることである。ただでさえ、介護に慣れていない人が介護をすると、身体的な負担だけでなく精神的な負担も大きく、仕事を制限することや日常生活に支障をきたすことなど、その影響は決して小さくない。「老老介護」では、高齢者が介護をしているため、心身ともに過度な負担を強いられていることが問題となる。夫婦の一方が他方を介護していたが、精神的に疲れ切ってしまい、その他方を殺害してしまうという事件に発展してしまうことが実際に起きている。また、認知症になっている高齢者が認知症になっている高齢の配偶者を介護する「認認介護」では、その問題はより深刻なものになっているといえる。

このような「老老介護」「認認介護」で一方が認知症等により判断能力が低下している場合に、成年後見制度を利用することにより、介護していた配偶者に代わって本人の財産管理をすることや、訪問介護（ホームヘルパー）など必要なサービスを利用する手続をすることを通じて本人の日常生活を支援することができるので、配偶者への介護による負担は大幅に減らすことができる。

特に「認認介護」のケースでは、後見人等が本人を担当するケアマネージャーなどと連携しながら、ときには施設入所を勧めるなど、その二人にとって安心して暮らす環境を整える支援をすることができる。このようなケースで成年後見制度を利用することによって、その家族の日常生活を守ることが可能となる。

家族に介護が必要となったときに、家族だから介護したい、しなければならない、と考えることがあるかもしれない。そう思われることは自然なことでありとても大切なことだと思うが、現在では介護保険制度や成年後見制度などが整備されており、家族に介護が必要となったときに利用できるサービスが多く存在している。このような制度やサービスを利用することによって、家族の介護を続けて精神的に追い詰められることなく、家族の日常生活を守りながら、自分自身にゆとりを持って家族と関わることができるようになるのではないだろうか。

(2) 申立ての動機

成年後見制度を利用するには、家庭裁判所に対して、成年後見制度の開始の申立てをしなければならない（民15条1項・11条・7条）。後見人等は、本人に代わって財産管理や医療や介護などさまざまな手続をすることができるのであるが（民876条の9第1項・876条の4第1項・859条1項）、上述したケースにおいて、何が動機となって成年後見制度を利用するのかは事情により異なるものである。主なものとしては、預貯金等の管理・解約、身上保護、介護保険契約、不動産の処分、相続手続、保険金受取などがある。成年後見制度の開始の申立て全体における割合は、預貯金等の管理・解約が31.6％、身上保護が24.2％、介護保険契約が14.0％、不動産の処分が11.9％、相続手続が8.5％、保険金受取が5.5％、訴訟手続等が1.9％、その他が2.5％となっており（「概況」参照）、財産管理を動機として成年後見制度の利用を開始することが多いことがわかる。ただ、これらの動機は複数ある場合もあり、例えば、施設入所の費用を捻出するために不動産の処分その他の財産管理をすることを目的として、成年後見制度を利用する場合などである。

なお、人に頼んで財産管理をしてもらわなければならないほどの財産を有しているものの、判断能力が低下している者は、それほど多くはないのではないか、という見解がある[18)]。しかし、資産を有する者だけが、第三者による財産管理を要するわけではない。例えば、収入は年金だけであり資産が少ないが、判断能力が低下していることから、通信販売などで商品を購入したものの支払が滞っている場合、公共料金や健康保険料などの支払・納付を滞納している場合などである。後見人等が行う財産管理は、単なる金銭管理とは異なり、本人の財産を適切に管理することにより、負債を返済するなどしてその財産状況を健全化し、身上保護など本人にとって必要な場合に適切に支出をして、本人の生活レベルを維持・向上させるために行われるものである。

18) 内田貴「民法Ⅰ（第4版）総則・物権総論」（東京大学出版会、2008年）118頁。

3. 成年後見制度の類型

成年後見制度には、民法が定める法定後見制度と、「任意後見契約に関する法律」が定める任意後見制度がある。法定後見制度は、精神上の障害により判断能力が低下した者を対象とした制度であり、補助・保佐・後見の 3 の類型がある。また、任意後見制度の周辺の制度として、財産管理等委任契約・死後事務委任契約・信託がある。

(1) 法定後見制度

① 補助

補助とは、精神上の障害により判断能力が不十分である者を対象とした制度である（民 15 条 1 項本文）。「判断能力が不十分である者」とは、重要な法律行為を単独で行うことが不可能ではないが、その一部について判断能力が不十分であり不安なため、支援を受けた方が良いと考えられる者のことである。補助類型は、軽度の認知症状が現れた高齢者や、障害の程度が軽度の知的障害者・精神障害者などに関して、本人が自ら行うことができる法律行為については本人の自己決定に委ねつつ、自ら行うことについて不安・支障のある特定の重要な法律行為についてのみ必要最低限の範囲で補助人による保護・支援を受けることを可能とする制度だからである[19)]。これは、成年後見制度が、自己決定の尊重・残存能力の活用・ノーマライゼーションという理念と本人保護の理念と調和をはかることを目的とした制度[20) 21)]であることを表しているといえる。

自己決定の尊重は、憲法の基本原理である個人の尊重に基づく理念である（憲 13 条前段）。人間は生まれながらにして生来の権利（自然権）を持っており、憲法はこの自然権を実定化した人権規定を設けているが、それを支える核心的価値が人間の人格不可侵の原則すなわち個人の尊重

19) 新井誠編「成年後見—法律の解説と活用の方法」（有斐閣、2000 年）60-61 頁。
20) 新井ほか 22 頁。
21) 小林ほか 5 頁。

の原理である[22]。そして、自己決定の尊重は、個人の尊厳を保ち幸福の追求を保障する（憲13条後段）うえにおいて必要不可欠なものであるとされる[23]。

残存能力の活用は、本人ができることはなるべく本人ができるようにしようという考え方である。ノーマライゼーションとは、障害がある人も家庭や地域で通常の生活をすることができるような社会を作るという理念をいう[24][25]。このことから、残存能力の活用やノーマライゼーションは、自己決定の尊重の理念に基づくものであるということができる[26]。

補助開始の審判を受けた者には補助人が付くことになる（民16条）。補助人には、本人が特定の法律行為（民法13条1項に規定する行為の一部に限る）をすることについての同意権を付与する審判をすること（民17条1項）、特定の法律行為をするための代理権を付与する審判をすることができるが（民876条の9第1項）、必ずどちらかの審判をしなければならない（民15条3項）。その両方の審判をすることもできる。代理権付与も同意権もない補助人を認める意味がないからである。そのため、家庭裁判所が、同意権付与の審判と代理権付与の審判のすべてを取り消す場合には、補助開始の審判も取り消されることになる（民18条3項）。

補助人の同意を要する法律行為について、補助人の同意を得ることなくした本人の法律行為は、取り消すことができるため（民17条4項）、補助人に同意権が付与された場合には、本人の行為能力（単独で法律行為をする精神的能力）が制限されることになる（制限行為能力者）。これに対して、補助人に代理権のみが付与されている場合には、本人の行為能力は制限されていないことになる。補助人に代理権が付与されている法律行為を本人が自ら単独で行うこともできるからである。このように、補助類型においてさまざまなパターンが可能とされているのは、個々のケースについて多様なニーズに対応できる柔軟な制度とすることが求め

---

22) 芦部信喜＝高橋和之補訂「憲法（第8版）」（岩波書店、2023年）10頁。
23) 同上133-134頁。
24) 新井ほか22頁。
25) 小林ほか5頁。
26) 新井ほか22頁。

られているからである[27]。

②保佐

保佐とは、精神上の障害により判断能力が著しく不十分である者を対象とした制度である（民11条本文）。「判断能力が著しく不十分である者」とは、日常生活に必要な買い物など簡単な取引はできるが、重要な法律行為を単独ですることができない者のことである。

保佐開始の審判を受けた者には保佐人が付くことになる（民12条）。保佐人には、本人が民法の定める法律行為（不動産の売買など）をすることについての同意権が付与される（民13条1項）。保佐人の同意を要する法律行為について、その同意を得ることなく行ったものは、取り消すことができる（民13条4項）。補助と違ってこの同意権は必ず付与される。そのため、この場合の本人は制限行為能力者であるということになる。さらに、保佐人に特定の法律行為をするための代理権を付与する審判をすることができる（民876条の4第1項）。

保佐類型においては、補助類型とは異なり、保佐人への同意権・取消権が画一的に付与されるため、自己決定の尊重や残存能力の活用という要素が一歩後退した制度であるといえる。

③後見

後見とは、精神上の障害により判断能力を欠く常況にある者を対象とした制度である（民7条）。「判断能力を欠く常況にある者」とは、日常生活の買い物など簡単な取引も単独ではできない者のことである。

後見開始の審判を受けた者には成年後見人が付くことになる（民8条）。成年後見人には、本人が行う日常生活に関する行為以外の法律行為についての取消権（民9条）と、本人の財産に関する法律行為についての包括的な代理権が付与される（民859条1項）。この取消権と代理権は必ず付与される。

後見類型においては、本人の行為能力が日常生活に関する行為を除い

27) 四宮和夫・能見善久「民法総則（第9版）」（弘文堂、2018年）65頁。

て制限されており、自己決定の尊重や残存能力の活用という観点からは、大きな制限がされているといわざるを得ない。

(2) 任意後見制度など

本人がまだ判断能力が十分にあるうちに、信頼できる者との間で、将来において判断能力が低下したときに、後見人になってもらう旨の契約をすることができる。これを任意後見契約という（任意後見2条1号)。任意後見契約は、締結されてもすぐにはその効力は生じない。本人の判断能力が不十分な状況になったときに、家庭裁判所において任意後見監督人を選任した時からその効力が生じる（任意後見4条1項)。

任意後見契約は、自己の生活・療養看護、財産管理に関する事務の全部または一部の事務を委託し、それに係る代理権を付与することを内容とするものである（任意後見2条1号)。そのため、どの範囲で任意後見人（任意後見契約の効力が生じた時における後見人（任意後見2条4号)）に代理権を付与するのかを、本人の意思で判断することができる。また、任意後見契約では、任意後見人となる者を誰にするのかについても、自らの意思で判断することができる。任意後見契約を締結するときには、本人の判断能力は十分にある状況だからである。

なお、任意後見契約においては、任意後見人に対して、取消権を付与することは認められていない。そのため、任意後見契約を締結しても、本人の行為能力が制限されることはないのである。

このように、任意後見契約は、自己決定を尊重し、ノーマライゼーションや残存能力の活用という理念に沿う制度であるといえる。

このほか、①信頼できる第三者に対して、判断能力が十分にある状況における財産管理や身上保護に関する事務を委託し、それに係る代理権を付与する「財産管理等委任契約」(民643条)、②信頼できる第三者に対して、死後の事務に関する処理を委託し、それに係る代理権を付与する「死後事務委任契約」(民643条)、③信頼できる第三者に対して、特定の財産を一定の目的に従い管理・処分・その他その目的の達成のために必要な行為をすることを委託する「信託」(信託2条1項）といった制度があり、任意後見契約と組み合わせて利用することにより、さまざまな場面において自己決定を尊重することができるとともに、ノーマライゼーションや残存能力の活用という理念を全うすることが可能となろう。

成年後見制度の類型

〈法定後見〉

	補　助	保　佐	後　見
本人の判断能力	不十分	著しく不十分	欠く常況
後見人等	補助人	保佐人	成年後見人
本人の同意が必要な場合 （本人以外の者による申立ての場合）	開始決定・同意権付与・代理権付与の申立て	代理権付与の申立て	なし
同意権・取消権の対象	特定の法律行為	民法13条１項所定の行為	財産に関するすべての法律行為 （日常生活に関する行為を除く）
代理権の対象	特定の法律行為	特定の法律行為	すべての法律行為

〈任意後見など〉

任意後見

・任意後見人に付与される代理権の範囲は契約で定める
・任意後見契約の効力が生じるのは、本人の判断能力が低下し、家庭裁判所が任意後見監督人を選任した時
・同意権・取消権は付与できない

財産管理等委任契約

・受任者に付与される代理権の範囲は契約で定める
・契約締結時からその効力が生じ、本人の判断能力が低下したら法定後見に移行させる必要がある。
（任意後見契約を締結していれば、任意後見に移行させる必要がある）

死後事務委任契約

・受任者に付与される代理権の範囲は契約で定める
・受任者は付与された代理権を行使して本人の死亡における事務を行う

信託

・受託者に付与される権限や対象となる財産は契約で定める
・信託の対象となった財産は、本人の所有から切り離された信託財産となる

4. 意思能力・判断能力・行為能力について

(1) 判断能力

成年後見制度は、精神上の障害により判断能力が低下した本人に代わって、後見人等が財産管理や医療・介護・日常生活に関する事務を行うものである。判断能力とは、契約等の法律行為の結果について利益・不利益を判断する能力のことで、民法上は「事理を弁識する能力（事理弁識能力）」と規定されている[28]。この判断能力すなわち事理弁識能力が充分に備わっていないと、自分に必要な商品を購入することやサービスを利用する手続をすることができないおそれがある。また、自分に必要のない商品を購入することやサービスを利用する手続をするおそれもある。成年後見制度は、このような判断能力を充分に備えていない者を保護するための制度である。

(2) 意思能力

また、意思能力のない者が行った法律行為は、法律上無効なものとして扱われる（民3条の2）[29]。意思能力とは、契約等の法律行為の結果について認識し、判断する能力のことである[30]。自分の行為の結果について認識して判断できる者が、自ら判断して法律行為をしたからこそ、その行為に基づいて法律効果の発生が認められるのである。意思能力は、おおよそ7歳から10歳程度で備わると考えられているが[31]、年齢を基準に意思能力を判断することは、人の精神能力の多様性を無視することになり、誤解も生じやすいため相当でないとの見解もある[32]。

---

28) 小林ほか50頁。
29) 大判明治38（1905）年5月11日民録11輯706頁。
30) 前掲我妻「総則」60頁。
31) 前掲四宮・能見44頁。
32) 新井ほか25頁。

(3) 行為能力

ただ、この意思能力がなかったことを証明することは困難なことが多い。この証明ができなければ、その行為は有効なものとして扱われ、意思能力のない者が不利益を被るおそれがある。また、意思能力の有無は外形的に分からないので、取引をする相手方を保護する必要もある。そこで、一定の類型に該当するものが、その行為を取り消すことができるという形で、自ら行為ができる能力を制限して意思能力のない者を保護するとともに、取引の安全を図ったものが制限行為能力者制度である[33)]。自ら法律行為をすることができる能力を行為能力といい、その能力が制限された者を制限行為能力者という。制限行為能力者は、法律行為の当時、意思能力がなかったとしても、その事実を証明することなく、当該行為を取り消すことができる（前掲大判明治 38（1905）年 5 月 11 日）。成年後見制度は、本人の行為を取り消すことができるとされていることから、制限行為能力者制度の一類型ということになる（民 17 条 1 項 4 項・13 条 1 項 4 項・9 条本文）。

(4) 判断能力と意思能力との関係

判断能力の有無は個々の法律行為とは関係なく判断するものであり、どの程度の判断能力を有しているのかが問題となるのに対し、意思能力の有無は個々の法律行為との関係で判断するものであり、その有無のみが問題なり程度は問題にならないものである[34)]。例えば、判断能力の有無については、日常的な行為の判断はできるか・重要な行為の判断はできるか、第三者の支援があれば判断できるかなど、成年後見制度による保護が必要な判断能力であるか否かという視点で判断するのに対し、意思能力の有無については、日用品の購入・不動産の購入・保証人になるという個々の法律行為について意思能力の有無をそれぞれ判断することになる（日用品を買うこと、不動産を買うこと、証券取引を行うことなど、そ

33) 前掲四宮・能見 46-47 頁。
34) 新井ほか 24-25 頁。

れぞれ要求される意思能力は異なる[35)][36)]）（意思能力は精神医学的な見地から判断するものであるが、判断能力は法的評価として判断するものである[37)]）。

また、意思能力は、同様の法律行為であっても、その行為をする時期・状況によって影響を受けることがあるので、その有無についての判断が異なることがあり得る。意思能力は、当該行為をする時点においてその有無を判断するものだからである。これに対し、判断能力は、成年後見制度の利用を開始する時点などにおいて判断される。

したがって、判断能力があっても法律行為によってはその行為の当時において意思能力を欠くものとされることがある[38)]。しかし、判断能力を欠く常況にある場合には行為の当時において意思能力も喪失しているということになる[39)]。判断能力を欠く常況にあるか否かは、その意思能力を喪失している者について、制限行為能力者として本人を保護すべき

判断能力と意思能力との関係

	判断能力	意思能力
個々の法律行為との関係	無 （日常的な行為、重要な行為などとの関係で判断される）	有
能力の有無・程度	能力の有無・程度が問題となる	能力の有無のみが問題となる
能力の判断時点	成年後見制度の利用を開始する時点など	個々の法律行為を行う時点
能力の評価の性質	法的評価	精神医学的な評価
能力が要求される趣旨	成年後見制度による保護の必要性を判断するため	個々の法律行為の有効性を判断するため

35) 前掲内田 103 頁。
36) 新井ほか 25 頁。
37) 同上。
38) 同上 24-25 頁。
39) 小林ほか 99 頁。

か否かという法的評価として判断されるからである[40]。

このように、判断能力と意思能力とは似たような概念ではあるが異なる概念として規定されている。判断能力は本人が成年後見制度による保護の必要性を判断するものであり、意思能力は個々の法律行為の有効性を判断するものといえるだろう。

(5) 判断能力の程度と成年後見制度の類型

判断能力はその程度が問題になることから、成年後見制度は、その判断能力の程度に応じて、補助、保佐、後見の３つの類型を定めており、それぞれ本人が単独でできる行為や後見人等の代理権の範囲が異なる（補助につき民15条１項・17条１項４項・876条の９第１項、保佐につき民11条・13条１項４項・876条の４第１項、後見につき７条・９条・859条１項)。

40) 鈴木禄弥「民法総則講義（二訂版)」(創文社、2003年）40-41頁。

第2章
成年後見制度の開始の申立て

1. 成年後見制度の開始の申立ての対象者

先に述べたように、成年後見制度には、補助、保佐、後見の3つの類型がある。成年後見制度を利用するには、家庭裁判所に対し、成年後見制度の開始の申立てをする必要がある（民15条1項・11条・7条）。成年後見制度の開始の申立てをする際には、本人の判断能力の程度と支援の必要性に適した類型についてその開始の審判の申立てをする必要がある。

(1) 補助

補助開始の申立てについては、精神上の障害により判断能力が不十分な者が対象となる（民15条1項本文）。民法13条1項に列挙されている重要な法律行為を単独で行うことも不可能ではないが、その一部について判断能力が不十分であるため不安があり、支援を受けた方が適当であると考えられる者のことである[1)]。軽度の認知症・知的障害・精神障害などにより判断能力が低下している者が対象となる[2)]。保佐類型・後見類型に該当する者は除外される（民15条1項ただし書）。民法13条1項に列挙される行為の全部について支援を受けた方が適当と考えられる者は、保佐類型を利用すべきであり、すべての法律行為について支援を受

1) 新井ほか33頁。
2) 小林ほか49頁。

けた方が適当であると考えられる者は、後見類型を利用すべきだからである。

(2) 保佐

保佐開始の申立てについては、精神上の障害により判断能力が著しく不十分な者が対象となる（民11条本文）。日常生活に必要な買い物など簡単な取引はできるが、民法13条1項に列挙されている重要な法律行為を単独で行うことができない者のことである[3)]。後見類型に該当する者は除外される（民11条ただし書）。

先に述べた補助の対象者とは、判断能力が「著しく」不十分であるか否かによって区別されることになるが、その判断は、民法13条1項に掲げられている重要な法律行為のすべてについて、常に他人による支援を受ける必要があるかどうかという観点からすることになる[4)]。このことから、補助の対象者と保佐の対象者との判断能力は、程度の差があるにすぎないといえる[5)]。

(3) 後見

後見開始の申立てについては、精神上の障害により判断能力を欠く常況にある者が対象となる（民7条）。日常生活に必要な買い物など簡単な取引も単独で行うことができない者のことである[6)]。後見類型においては、本人が行った法律行為は、成年後見人が取り消すことができるが、日常生活に関する行為については取り消すことができないとされている（民9条）。これは、日常生活に関する行為について判断能力を有するという趣旨ではなく、自己決定の尊重の観点から、日常生活に関する行為については、本人の判断に委ねて取消権の対象から除外されたのである[7) 8)]。「常況」とは、通常は判断能力を欠く状況にあるという趣旨

3) 新井ほか29頁。
4) 小林ほか77頁。
5) 新版注民（1）369頁。
6) 新井ほか24頁。
7) 同上。
8) 小林ほか97頁。

であり、判断能力を欠く以上、通常は意思能力を欠く状態にあるということになる[9)]。

(4) 判断能力の有無・程度の判断方法

成年後見制度の開始の申立てをするときに、どの類型で申立てをするかは、医師が作成した「診断書（成年後見制度用)」の記載内容を参考にして判断することになる。医師は診断書を作成する際に、「改訂長谷川式簡易知能評価スケール（HDS-R)」などの認知機能検査を実施する。長谷川式では、30点満点で20点以下の場合は認知症の疑いありとされている。医師は認知機能検査の結果をもとに、そのほかの認知機能の状態や生活状況などを考慮して、判断能力は十分にある・補助相当・保佐相当・後見相当の中から選択することになる。この医師の選択した類型で申立てをするのが原則である。なお、実際には、20点以上でも補助相当とされることがある。判断能力は法的評価であり、精神医学的な判断だけで決定されるものではなく、成年後見制度による保護が必要な判断能力であるか否かを考慮して決定されるものだからである[10) 11)]。

実務では、診断書の記載内容と異なる類型についての開始の申立てをすることもできる（例えば、診断書の記載内容は保佐相当であるが、補助開始の申立てをする場合)。本人がどの類型の対象者であるかは、診断書以外の資料や申立人・本人面談による心証などを参考にして判断されるからである。例えば、診断書の記載内容は保佐相当であるが、家庭裁判所において総合的に審理した結果、補助相当であると判断されることがある。その際には、診断書の記載内容と異なる類型により申立てをする旨の上申書を提出する必要がある。

9) 同上99頁。
10) 新井ほか25頁。
11) 我妻栄「新訂民法総則（民法講義Ⅰ)」(岩波書店、1965年) 76頁。

2. 成年後見制度の開始の申立てをすることができる者

成年後見制度の利用を開始するには、家庭裁判所に補助・保佐・後見開始の審判の申立てをする必要がある。これらの申立てができる者は法律により定められている。

(1) 補助

補助開始の申立てをすることができる者は、本人・配偶者・四親等内の親族・後見人（成年後見人及び未成年後見人をいう）・後見監督人（成年後見監督人及び未成年後見監督人をいう）・保佐人・保佐監督人・検察官（以上、民 15 条 1 項本文)、市町村長（老福 32 条、知的障害 28 条、精神 51 条の 11 の 2)、任意後見受任者（任意後見監督人が選任される前における任意後見契約の受任者をいう（任意後見 2 条 3 号))・任意後見人（任意後見監督人が選任された後における任意後見契約の受任者をいう（任意後見 2 条 4 号))・任意後見監督人（任意後見人の事務を監督等するものをいう（任意後見 7 条 1 項))（以上、任意後見 10 条 2 項）である。

①本人

補助類型では、本人は意思能力を有する者であることから、申立権が認められている。

②配偶者・四親等内の親族

また、判断能力が不十分な本人を保護する必要がある場合において、その保護を実効的なものとするという観点から、配偶者と四親等内の親族にも申立権が認められている[12)]。

12) ここにいう四親等内の親族とは、四親等内の血族及び三親等内の姻族のことである（民 725 条)。血族には、出生によって生じる自然血族と養子によって生じる法定血族がある（民 727 条)。姻族とは、夫婦の一方と他方の血族との関係のことである（舅・姑など)。親族は、配偶者を除き、直系親族と傍系親族に分けられる。直系親族とは、血統（祖先からの血のつながりのこと）が直

③成年後見人・成年後見監督人・保佐人・保佐監督人

成年後見人・成年後見監督人・保佐人・保佐監督人に申立権が認められているのは、本人が後見・保佐開始の審判を受けているが、判断能力がある程度回復して補助類型が相当となった場合に、補助類型に移行することができるようにするためである。また、未成年後見人が付されている未成年者が、精神上の障害により判断能力が低下した場合には、未成年後見から成年後見制度への移行が可能とされているため、未成年後見人と未成年後見監督人にも申立権が認められている。

④検察官

検察官は、公益の代表者として申立権が認められている。身寄りのない知的障害者や植物状態の人が成年後見制度を利用する場合などに、検察官による申立てが想定されている。実務では、検察官による申立てはほとんどされていない。上記のようなケースでは、後述する市長申立てにより成年後見制度の利用が図られていることが主な原因と考えられる。

⑤市町村長

市町村長は、その福祉を図るため特に必要があると認めるときは、成年後見制度の開始の申立てをすることができる。これは、成年後見制度による支援を必要としている者が放置されることなく、成年後見制度による支援を受けられるようにする趣旨である。「その福祉を図るため特

接に上下する形で連結している親族のことである（父母・祖父母・子・孫など）。傍系親族とは、血統が共通の始祖によって連結している親族のことである（兄弟姉妹（父母を共通の始祖とする傍系親族）・いとこ（祖父母を共通の始祖とする傍系親族）など）。親族は、兄弟姉妹やいとこという同世代を除き、世代によって尊属と卑属に分けられる。尊属とは、自分よりも上の世代に属する者のことである（父母・祖父母・伯叔父母（おじ・おば）など）。卑属とは、自分よりも下の世代に属する者のことである（子・孫・甥姪など）。親等とは、親族関係の遠近を示す尺度のことである。親等の計算は、親族間の世代を数えてする（民 726 条）。例えば、親と子は 1 親等、祖父母と孫は 2 親等となる。傍系親族における親等の計算は、その 1 人から共通の始祖まで遡り、その共通の始祖から他の 1 人に下がるまでの世代数による（民 726 条 2 項）。例えば、兄弟姉妹同士は 2 親等、伯叔父母と甥姪は 3 親等となる。配偶者には親等はない。姻族については、配偶者を基準として血族と同様の計算方法による。以上のことからすると、いとこや配偶者の甥姪は補助開始の申立てをすることができるが、配偶者のいとこは申立てをすることができないことになる。

に必要があると認めるとき」とは、本人に配偶者や四親等内の親族がいないことや、このような者がいたとしても音信不通の状況にあることにより、申立てを期待することができないが、本人の保護のために申立てをする必要がある場合をいう。このような場合には、民生委員や福祉関係者からの情報に基づいて、市町村長による申立てを行うことになることが想定される。なお、実務では、市町村長による申立てのことを「市長申立て」と呼ばれている。市町村長には、特別区の区長も含まれる（自治281条・282条の2第2項）。

⑥任意後見受任者・任意後見人・任意後見監督人

任意後見契約を締結した本人について、成年後見制度を利用させることが本人の利益ために特に必要と認められる場合において、成年後見制度への円滑な移行を可能とするため、任意後見受任者・任意後見人・任意後見監督人に申立権が認められている。

⑦本人の同意を要する場合

なお、本人以外の者の申立てにより補助開始の審判をする場合には、本人の同意が必要である（民15条2項）。補助類型では、本人の判断能力の低下の程度が軽いので、本人による自己決定を尊重する趣旨である。本人の同意は、補助開始の審判をするための要件であるため、当該審判をする段階で本人の同意がなければならない[13)]。

(2) 保佐

保佐開始の申立てができる者は、本人・配偶者・四親等内の親族・後見人・後見監督人・補助人・補助監督人・検察官（以上、民11条）、市町村長（老福32条、知的障害28条、精神51条の11の2）、任意後見受任者・任意後見人・任意後見監督人（以上、任意後見10条2項）である。

保佐類型では、補助類型と同じく、本人は意思能力を有する者であることから、申立権が認められている。

---

13) 新井ほか34頁。

成年後見人・成年後見監督人に申立権が認められているのは、本人が後見開始の審判を受けているが、判断能力がある程度回復して保佐類型が相当となった場合に、保佐類型に移行することができるようにするためである。

補助人・補助監督人に申立権が認められているのは、本人が補助開始の審判を受けているが、判断能力がさらに低下して保佐類型が相当となった場合に、保佐類型に移行することができるようにするためである。

配偶者・四親等内の親族・未成年後見人・未成年後見監督人・検察官、市町村長、任意後見受任者・任意後見人・任意後見監督人に申立権が認められている趣旨は、補助の場合と同様である。

保佐類型では、本人の判断能力は著しく低下していることから、本人以外の者が申立てをした場合であっても、補助の場合と異なり、本人の同意は不要である。

(3) 後見

後見開始の申立てができる者は、本人・配偶者・四親等内の親族・未成年後見人・未成年後見監督人・補助人・補助監督人・保佐人・保佐監督人・検察官（以上、民7条）、市町村長（老福32条、知的障害28条、精神51条の11の2）、任意後見受任者、任意後見人、任意後見監督人（以上、任意後見10条2項）である。

本人にも申立権を有するものとされているが、後見類型では、本人は判断能力を欠く常況にあるため意思能力を欠いているのだから、意思能力が回復している例外的な場合に、本人による申立てが認められるとされている[14)]。実務では、本人による申立ては少なくないようである。本人を支援することができる親族がいない場合には、市長申立てをすることが考えられるが、財政難等により市長申立てを躊躇する市町村もあり、市長申立てが進まないことがある。このような事情の下で、本人が成年後見制度を利用することについて理解していることを確認したうえで、本人による申立てが認められている。

---

14) 新井ほか27頁。

補助人・補助監督人・保佐人・保佐監督人に申立権が認められているのは、本人が補助・保佐開始の審判を受けているが、判断能力がさらに低下して後見類型が相当となった場合に、後見類型に移行することができるようにするためである。

配偶者・四親等内の親族・未成年後見人・未成年後見監督人・検察官、市町村長、任意後見受任者・任意後見人・任意後見監督人に申立権が認められている趣旨は、補助の場合と同様である。

後見類型では、本人は判断能力を欠く常況にあることから、本人以外の者が申立てをした場合であっても、補助の場合と異なり、本人の同意は不要である。

(4) 申立人と本人との関係

成年後見制度の利用における申立人と本人の関係については、本人が21.0％、子が20.8％、兄弟姉妹が11.3％、その他親族が10.8％、親が4.8％、配偶者が4.3％、市町村長が23.3％となっており（「概況」参照）、本人申立てが多く利用されているが、それ以上に市町村長申立ても多く利用されている。本人申立てが難しく、身寄りのないケースでは、積極的に市町村長申立てがされることにより、本人の利益の保護が図られることになろう。

3. 成年後見制度の開始の審判と代理権・同意権との関係

補助人に代理権や同意権を付与するには、代理権付与や同意権付与の申立てをする必要がある（民876条の9第1項・17条1項）。補助類型においては、本人による自己決定を尊重するため、補助開始の審判によって当然に代理権や同意権が付与されるのではなく、申立てによって本人の保護に必要と考えられる範囲で代理権や同意権を付与する趣旨である。したがって、代理権と同意権を有する補助人、同意権のみを有する補助人だけでなく、代理権のみを有する補助人も認められることになる。しかし、代理権も同意権も有しない補助人は意味がないので、補助開始の審判は、代理権付与の審判か同意権付与の審判のどちらかと同時にしなければならない（民15条3項）。したがって、補助開始の申立てをするときは、必ず代理権付与・同意権付与のどちらか一方かまたは両方の申立てと同時にしなければならない。

保佐人に代理権を付与するには、代理権付与の申立てをする必要があるが（民876条の4第1項）、同意権は当然に付与される（民13条1項）。保佐類型では、本人の判断能力は補助類型よりも低下しているため、同意権は当然に付与されるものとしているのである。代理権の付与については、補助類型と同様の扱いとなっている。実務では、保佐開始の申立てをする際には、必ず代理権付与の申立てもしている。本人の保護を実効的なものにするためである。

成年後見人には、包括的代理権が当然に付与される（民859条1項）。後見類型では、本人は判断能力を欠く常況にあるため、本人保護の実効性の観点から、成年後見人に包括的な代理権が付与されているのである。また、本人保護の観点から、日常生活に関する行為以外の法律行為については、成年後見人に取消権が与えられており（民9条）、本人が単独で行うことができないようになっている。

このように、各類型において、代理権と同意権の付与について異なることから、成年後見制度の利用を検討する際には、この違いを考慮することが必要であるといえる。

4. 補助類型・保佐類型と代理権の付与

(1) 補助

補助人に代理権を付与するには、家庭裁判所に対して、補助人に特定の法律行為につき代理権を付与する旨の審判の申立てをする必要がある（民876条の9第1項）。補助人は、代理権が付与された範囲において、法定代理人としてその代理権を行使することにより、本人に代わって法律行為をして本人の権利擁護をすることになる。

この申立てをすることができる者は、補助開始の申立てができる者（民15条1項本文)、補助人・補助監督人である（民876条の9第1項)。市町村長もこの申立てをすることができる（老福32条、知的障害28条、精神51条の11の2)。本人が任意後見契約を締結している場合には、任意後見受任者、任意後見人、任意後見監督人もこの申立てをすることができるとされている（任意後見10条2項)。ただし、本人以外の者が代理権付与の申立てをした場合には、本人の同意がなければ、代理権を付与する旨の審判をすることができない（民876条の9第2項・876条の4第2項)。本人の意思を尊重する趣旨である。

付与することができる代理権の範囲は、「特定の法律行為」についてである。補助類型では、本人にある程度の判断能力があるため、包括的な代理権を付与することは適当でないからである。特定の法律行為であれば、財産管理に関する行為（例えば売買、賃貸借、消費貸借、遺産分割、預貯金の預け入れ・払い戻し、保険金の請求等）や、身上保護に関する行為（例えば、福祉サービス利用契約、施設入所契約、医療契約等）など、代理に親しむすべての法律行為が対象となる。しかし、遺言、婚姻等の一身専属的行為は対象とはならない。

補助人の代理権は、「特定の法律行為」についてであるから、代理権付与の申立てをする際には、代理権の範囲を特定することが必要である。特定の方法としては、具体的な個別の法律行為を特定する方法（例えば、「本人所有の甲不動産の売却」など）と、抽象的な法律行為の種類を特定する方法（例えば、「本人所有の不動産の売却」「預貯金に関する金融機関との一切の取引」など）がある。代理権が付与される特定の法律行為は同意権の対象となる行為の範囲内に限定されない。したがって、同意権の対象行為以外の行為についても、代理権を付与することが可能であり、代理権の範囲と同意権の範囲とが異なることがあり得ることになる。補助制度においては、代理権と同意権は、本人の自己決定に基づいて各別に付与される保護の範囲を選択的なものとして位置づけられているからである[15)]。なお、実務では、家庭裁判所が用意しているチェック方式の「代理行為目録」を使用して代理権を付与する旨の審判の申立てがなされている。

補助人に訴訟行為に関する代理権を付与することもできるが、この場合には、訴訟代理権が付与されたことが審判書に明示されていることが必要である[16)] [17)]。裁判所が訴訟代理権の有無や範囲について確認するため、書面に訴訟代理権の授権について明示されていなければならないからである（民訴規15条）。なお、訴訟代理権を付与される補助人には、法律上は弁護士などの資格を有する者に限られていないが、実務では、家事審判手続、家事調停手続、民事訴訟手続、民事調停手続、破産手続に関する代理権を付与するには、補助人が各手続について手続代理人や訴訟代理人となる資格（弁護士や司法書士）を有する者でなければならないという扱いがされている。これは、家庭裁判所は、訴訟代理権を付与することの相当性について個別具体的な審査を行うからである[18)]。

家庭裁判所は、必要と認めたときに代理権を付与する旨の審判をする。代理権が付与されると、補助人は法定代理人となり、その代理権に財産管理に関する行為が含まれていればその範囲で財産管理権を有することになる。財産に関する行為について代理権を行使するには、財産管理をすることが不可欠だからである。

(2) 保佐

保佐人に代理権を付与するには、同様に、家庭裁判所に対して、保佐人に特定の法律行為につき代理権を付与する旨の審判の申立てをする必要がある（民876条の4第1項）。この申立てをすることができる者は、保佐開始の申立てができる者（民11条本文）、保佐人・保佐監督人である（民876条の9第1項）。市町村長もこの申立てをすることができる（老福32条、知的障害28条、精神51条の11の2）。本人が任意後見契約を

15) 小林ほか59頁。
16) 新井ほか32頁。
17) 小林ほか62頁。
18) 小林ほか63頁。

締結している場合には、任意後見受任者、任意後見人、任意後見監督人もこの申立てをすることができるとされている（任意後見 10 条 2 項）。ただし、本人以外の者が代理権付与の申立てをした場合には、本人の同意がなければ、代理権を付与する旨の審判をすることができない（民 876 条の 4 第 2 項）。

このほかの事項については、補助の箇所で述べたことが当てはまる。

5. 補助類型と同意権の付与

補助人に同意権を付与するには、家庭裁判所に対して、本人が特定の法律行為をするには補助人の同意を得なければならない旨の審判の申立てをする必要がある（民 17 条 1 項本文）。同意権が付与された場合は、補助人の同意を得ずにしたその特定の法律行為を、補助人も本人も取り消すことができる（民 17 条 4 項・120 条 1 項）。取消権を行使することによって、判断能力が低下した者において、不要な物を購入することや悪徳商法等から防衛することができるようになる。

この申立てをすることができる者は、補助開始の申立てができる者（民 15 条 1 項本文）、補助人・補助監督人である（民 17 条 1 項本文）。市町村長もこの申立てをすることができる（老福 32 条、知的障害 28 条、精神 51 条の 11 の 2）。本人が任意後見契約を締結している場合には、任意後見受任者、任意後見人、任意後見監督人もこの申立てをすることができるとされている（任意後見 10 条 2 項）。ただし、本人以外の者が同意権付与の申立てをした場合には、本人の同意がなければ、同意権を付与する旨の審判をすることができない（民 17 条 2 項）。本人の意思を尊重する趣旨である。

付与することができる同意権の範囲は、「特定の法律行為」についてである（民 17 条 1 項本文）。「特定の法律行為」は、代理権付与の対象となる法律行為と異なり、保佐人の同意権として認められている民法 13 条 1 項の一部に限られている（民 17 条 1 項ただし書）。補助類型の方が保佐類型よりも判断能力が高いことが想定されているため、補助類型における同意権の範囲は、保佐類型の同意権の範囲を超えることができないという趣旨である。したがって、同意権の対象となる法律行為は、民法13条1項に定める行為から、その一部を選択することになる。

日用品の購入その他日常生活に関する行為は、同意権の対象とはならない（民13条1項ただし書・9条ただし書）。自己決定の尊重の観点から、全面的に本人の判断に委ねる趣旨である。また、遺言、婚姻等の一身専属的な行為も、同意権の対象にはなり得ない（民962条参照）。

補助人の同意権は、その範囲を具体的に特定して申立てをすることが必要である。同意権は、申立ての範囲内で付与されるものだからである。実務では、同意権の対象となる行為を特定する方法として、「同意行為目録」に記載してある行為のチェック欄に、同意権の対象とする行為にチェックして、当該「同意行為目録」を家庭裁判所に提出している。

補助制度における同意権は、自己決定の尊重と取引の安全の観点から、その付与ついては慎重な考慮が必要であると考えられる。したがって、どの範囲の行為について同意権を付与するかは、申立ての範囲内において本人の必要性に応じて定められるべき事項であり、その必要性の有無・程度は、個々の事案の諸般の事情を考慮して家庭裁判所により判断されることになる[19)]。実務においても、本人の申立ての場合や、それ以外の者による申立てにおいて本人の同意がある場合でも、家庭裁判所は、本人からの聴取や提出された資料などをもとに、同意権付与の必要性と相当性を慎重に審査され、同意権付与の必要のないまたは相当でない行為については、同意権を付与しないというような運用がなされている。

---

19) 小林ほか68頁。

6. 後見等開始の申立て

(1) 管轄

後見等開始（補助・保佐・後見の開始をいう）の審判の申立てをするには、管轄の家庭裁判所に申立書を提出してすることになる（家事 49 条 1 項）。家庭裁判所の管轄は、本人の住所地によって決まる（家事 136 条 1 項・128 条 1 項・117 条 1 項）。

(2) 申立書の記載事項

申立書には、当事者及び法定代理人の氏名・名称・住所、申立ての趣旨及び理由、事件の表示、附属書類の表示、申立ての年月日、裁判所の表示を記載しなければならない（家事 49 条 2 項、家事規 1 条 1 項）。そのほかに、後見人等の候補者を記載することができるが、家庭裁判所は職権で後見人等を選任することができるため（民 876 条の 7 第 1 項・876 条の 2 第 1 項・842 条 1 項）家庭裁判所は、後見人等を選任するにあたりこの記載に拘束されない。実務では、家庭裁判所のウェブサイトにある申立書の書式を使用して申立てをしている。

(3) 添付書類

また、実務では、申立書と併せて下記の添付書類を提供しなければならないとされている。手続を迅速に進めるためである。添付書類としては、診断書（成年後見制度用）、本人情報シート、申立事情説明書、候補者事情説明書、本人の戸籍謄本・住民票・登記されてないことの証明書、本人との関係を証する申立人の戸籍謄本（配偶者または四親等内の親族が申立てをする場合）財産目録、収支予定表、親族関係図、親族の意見書、健康状態に関する書類（健康保険証等の写し）、預金通帳の写し、保険証書の写し、収支に関する書類の写し（年金通知書・請求書・領収書等の写し）などである。

添付書類には、役場で取得する書類（戸籍謄本・住民票・登記されていないことの証明書）だけでなく、医師やケアマネージャー等の福祉関係者に作成を依頼しなければならない書類（診断書・本人情報シート）や、申立人により準備する書類（預金通帳の写し・保険証書の写し・年金通知書・請求書・領収書等の写し）もある。

①診断書

判断能力に関する診断書（成年後見制度用）は、申立てがあった事件を補助・保佐・後見に振り分けるための資料として提出が求められている。医師に診断書の作成を依頼するには、先にケアマネージャー等が本人情報シートを作成して、それを医師に提出して診断書の作成を依頼するのが原則である。ただ、医師は本人情報シートの提出を受けなくても診断書を作成することができる。なお、療育手帳の重度の判定を受けている場合、診断書の提出は不要という取扱いがなされている。実務では、家庭裁判所のウェブサイトにある診断書の書式が使用されている。

②本人情報シート

本人情報シートは、本人の日常生活における認知機能の状態や第三者による支援の必要性などについて、担当のケアマネージャー等の福祉関係者が作成するものである。家庭裁判所のウェブサイトに書式が用意されている。

③申立事情説明書

申立事情説明書は、本人の生活状況・経歴・親族等について記載するものである。本人のことをよく知る者が作成することになるが（福祉関係者に限られない）、弁護士・司法書士が申立書類を作成する場合は、弁護士・司法書士が関係者から聴取した事情をもとに作成することができる。経歴など詳しく判明しない事項もあるが、分かる範囲で記載すればよい。本人情報シートを提出する場合は、記載を一部省略することができる。これも家庭裁判所のウェブサイトに書式が用意されている。

④後見人等の候補者に関する書類

申立書に後見人等の候補者を記載して申立てをする場合は、当該候補者の経歴や本人との関わり方などを記載した候補者事情説明書を作成して提出する必要がある。また、候補者の住民票も提出する必要がある。

⑤本人の戸籍謄本・住民票

本人の身分・現住所等を証明するため、本人の戸籍謄本と住民票を提供する必要がある。住民票は、本籍や世帯主の記載のある世帯全体のものの提出が求められている。本人の住所は家庭裁判所の管轄の判断基準となる（家事136条1項・128条1項・117条1項）。

⑥登記されていないことの証明書

登記されていないことの証明書とは、証明の対象者が補助・保佐・後見・任意後見の登記がされていないことを証する書面のことである（後見登記10条1項柱書）。登記されていないことの証明書を取得するには、法務局または地方法務局の本局の戸籍課窓口に直接申立書を提出するか、東京法務局後見登録課に郵送にて申請書を提出することになる（後見登記2条1項・17条、後見登記政令18条、後見登記省令17条1項）。法務局または地方法務局の支局や出張所の窓口では申請することができない。申請することができる者は、本人または四親等内の親族である（後見登記10条1項1号2号3号）。申請するためには、申請書に1通300円分の収入印紙を貼付して窓口に提出するか郵送することになる（後見登記11条、後見登記省令33条1項、登手令2条9項2号）。また、申請書には、補助・保佐・後見・任意後見について登記されていない旨の証明を要する旨の記載をしておかなければならない（後見登記17条、後見登記政令18条、後見登記省令17条2項3号）。これらの登記がなされているのであれば、それらの審判の取消しの申立てをしなければならないからである（民19条、任意後見10条1項3項）。申請書は、東京法務局後見登録課のウェブサイトにある書式を使用することになる（申請することができる法務局または地方法務局の戸籍課窓口でも申請書を入手できる）。郵送にて申請する場合は、返信用封筒（返送先を明記し、郵便切手を貼ったもの）も併せて郵送する必要がある（後見登記17条、後見登記政令11条）。四親等内の親族が申請する場合は、四親等内の親族であることを証する戸籍謄本を併せて提出する必要があり、代理人が請求する場合には、委任状を添付する（後見登記17条、後見登記政令18条、後見登記省令18条1項1号3号。なお、官庁または公署が作成した書類については、3か月以内のものに限られる（後見登記省令18条2項））。戸籍謄本については原本還付をすることができるが、その場合は、原本すべてをコピーしてそれに「原本の写しに相違ない」旨を記載し、申請者が記名する必要がある。

⑦財産目録・収支予定表

本人の財産に関する資料として、財産目録や収支予定表を作成して提出する必要がある。ただ、これらを作成する段階では、通帳その他の資料を紛失していることもあり、事前に調査できないことでもあるため、詳細に把握することができない場合があるのが実情である。このような場合は、分かる範囲で記載すればよい。例えば、通帳を紛失していてその口座の情報が分からない場合は、財産目録の預貯金の欄に「不明」と記載することで足りる。後見等開始の審判が確定して後見人等が就任したら、後見人等による財産調査を通じて判明するからである。

⑧親族関係図

本人の親族に関する資料として、親族関係図を作成して提出する必要があるが、実務では、戸籍謄本等を取得して親族関係図を作成することが多い。

⑨親族の意見書

親族の意見書は、本人について後見等の開始や後見人等の候補者に関して、本人の推定相続人の意見を記載したものである。ただし、推定相続人にこの意見書を送付しても記載されないこともあるため、この意見書の提出は必須ではない。意見書を提出できない場合には、その旨及び理由を申立事情説明書に記載する必要がある。また、家庭裁判所から推定相続人に照会がなされることがある。

⑩本人の健康状態に関する書類・財産状況に関する書類

本人の健康状態に関する書類（健康保険証等の写し）、預金通帳の写し、保険証書の写し、収支に関する書類の写し（年金通知書・請求書・領収書等の写し）などについては、この段階では紛失していることも多く、調査できる事項も限られるため、可能な範囲で提出すればよい。

(4) 申立書類の作成

なお、申立人自身での書類作成が困難なときは、専門家に書類の作成を依頼すると良いであろう。この申立書類を作成することができる専門家は、弁護士と司法書士に限られている（弁護3条1項、司書3条1項4号）。

(5) 費用

①内容

申立てをするにあたっては、申立書と併せて、後見等開始申立手数料（収入印紙800円（民訴費3条1項・別表一15、家事別表一36・17・1)。補助・保佐開始の申立てと同時に代理権付与の申立てをする場合は、収入印紙800円が加算される（民訴費3条1項・別表一15、家事別表一51・32)。補助開始の申立てと同時に同意権付与の申立てをする場合は、さらに800円が加算される（民訴費3条1項・別表一15、家事別表一37)。すなわち、補助・保佐開始の申立てと同時に代理権付与の申立てをする場合の収入印紙は1,600円、補助開始の申立てと同時に同意権付与の申立てをする場合の収入印紙は1,600円、補助開始の申立てと同時に代理権付与・同意権付与の申立てをする場合の収入印紙は2,400円となる)、後見登記手数料（収入印紙2,600円（後見登記11条、登記手数料令13条))、送達等に要する郵便切手（種類及び金額は家庭裁判所ごとに異なる）を、家庭裁判所に提出しなければならない。また、家庭裁判所から鑑定を命じられた場合は、鑑定費用を家庭裁判所に納付しなければならない。

この費用は、原則として、申立人が負担することになる（家事28条1項)。しかし、家庭裁判所は、事情により、手続費用の全部または一部を本人に負担させることができる（家事28条2項)。また、家庭裁判所は、後見等開始の申立てについて審判をするにあたって、手続費用負担の裁判をしなければならない（家事29条1項本文）。費用の負担者を明確にするためである。実務では、申立書に「手続費用については、本人の負担とすることを希望する」という記載のチェックボックスにチェックをすることができ、そのチェックがあった場合に、家庭裁判所が認めたときは、後見等開始の審判書に「手続費用については、本人の負担とする」旨が記載される。申立人は、その記載に基づいて、本人に対して、その手続費用を請求することになる。

なお、申立手数料・後見登記手数料・送達送付費用以外の費用（診断書作成料・戸籍等取得手数料など）や、弁護士・司法書士の報酬は、申立人が負担することになる。申立人がその申立権に基づいて、その費用を負担しているからである。しかし、成年後見制度による保護の必要性が高く、もっぱら本人の利益のために申立てをする場合であるにもかかわらず、その手続に要した費用を本人に負担させることができないというのは不合理・不公平な場合がある。そのため、実務では、例外的に、手続費用以外の費用を本人に負担させることができる場合もあるようである[20]。その場合には、家庭裁判所と事前に協議した方がよいであろう。

②法テラスによる援助

なお、申立人の収入と資産の額が一定以下の場合には、日本司法支援センター（通称「法テラス」という。）による援助を受けることができる。この援助を受けるためには、法テラスと法律扶助契約を締結している弁護士や司法書士に、後見等開始の申立手続を依頼することが必要である。それらの弁護士や司法書士に申立手続を依頼すると、その弁護士や司法書士が法テラスに援助申立の手続をする。その後、援助決定がなされると、法テラスから、その弁護士や司法書士に、申立手続に関する実費と報酬が、立替金として支給される。支給される額は法テラスが基準に従って決定する。そして、申立人が、法テラスに対して、毎月費用を償還することになる。償還する金額は、月額5,000円から10,000円で

20) 新井ほか38頁。

ある。また、生活保護受給者など償還する収入と資産がない場合は、償還免除の申請をすることができ、法テラスに認められれば、償還が免除される。このように、収入と資産が少ない者でも、成年後見制度の開始の申立てをすることができる仕組みが用意されている。

7. 後見等開始の申立ての審判手続の流れ

(1) 審判手続の流れ

① 申立書類の確認・受理面接

後見等開始の申立書を管轄の家庭裁判所に提出すると、審判手続が開始される。審判手続が開始すると、裁判所書記官が申立書類を確認したうえで、参与員（家事 40 条 2 項）や家庭裁判所調査官（家事 59 条 1 項）が申立人や本人と面接するために、期日の日程の調整がなされる（家事 139 条 1 項 1 号・130 条 1 項 1 号・120 条 1 項本文 1 号）。この面接を受理面接という。本人との面接が義務付けられているのは、本人の自己決定の尊重をすることを手続の面から担保する趣旨である。実務では、補助類型と保佐類型では、申立人と本人とは必ず受理面接をするが、後見類型では本人との面接をしない場合がある。後見類型においては、本人の心身の障害により聴取することができないときは、本人の面接は必要ないとされているからである（家事 120 条 1 項ただし書）。これは、後見類型では、本人が植物状態にある場合など心身の障害により本人の陳述を聴くことができないことがあるからである[21)]。また、補助類型・保佐類型においては、本人との面接は必要的であるとされているところ[22)]、後見類型においては、本人が申立人である場合は必要的でないとされている

21) 金子修編著「逐条解説・家事事件手続法（第 2 版）」（商事法務、2022 年）467 頁。

22) 補助類型・保佐類型においては、本人以外の者が申立てをした場合、本人の同意を要件とする審判があるからである（補助類型につき、民 17 条 1 項 2 項・876 条の 9・876 条の 4 第 2 項、保佐類型につき、民 876 条の 4 第 1 項 2 項）。

（家事120条1項本文）。これは、申立人は申立書に自らの主張等を記載するといった方法により主張する機会を有することから、その陳述を改めて聴く必要はないと考えられるからである[23)]。このため、本人が申立てをした後見類型の審判手続では、参与員や調査官が受理面接をせずに開始決定をすることがある。また、本人以外の者が申立てをした後見類型の審判手続では、家庭裁判所によっては申立人に対して受理面接をすることがある。

②確認・調査事項

（ア）後見等開始の審判に関する確認・調査事項

後見等開始の審判に関する確認・調査事項としては、①本人の生活歴・病歴・心身の状態、②生活状況・家庭状況・親族との関係・申立人と本人との関係、③申立てに関する本人の意向、④後見人等の候補者についての本人の意向・感情・態度等、⑤本人の判断能力、⑥本人の資産・収支・その管理状況等である。

（イ）後見人等選任に関する確認・調査事項

後見人等選任に関する確認・調査事項としては、①後見人等となる者と本人との関係（利害関係を含む）、②後見人等となる者の職業・経歴・経済状況、③後見人等に求められる事務との関係での適格性・能力・持続性、④後見人等となる者の意向である。

（ウ）本人の同意に関する確定・調査

補助開始の申立て、補助人の同意権付与の申立て・代理権付与の申立て、保佐人の代理権付与の申立てについては、特に本人の意思を尊重しなければならないので（民15条2項・17条2項・876条の9第2項・876条の4第2項）、実務では、本人の意思は慎重に確認している傾向にあるといえる。

---

23) 同上467頁。

③参与員・家庭裁判所調査官による確認・調査

(ア) 参与員

参与員は、豊富な社会経験を有する民間人を手続に関与させて意見を求め、事案の的確な解決に寄与するための家庭裁判所の諮問機関である[24]。参与員は、候補者の中から事件ごとに家庭裁判所より指定される（家事40条5項）。参与員は、家庭裁判所に意見を述べるため、許可を得て、申立人が提出した資料の内容について、申立人から説明を聴くことができ、家庭裁判所は、その参与員の意見を聴いて審判をするとされている（家事40条1項3項本文）。

なお、参与員は、家庭裁判所の許可を得て、申立人から説明を聴くことができるが（家事40条3項本文）、本人からの聴取については、法律上は認められてはいないし、申立人以外の第三者から説明を聴くことはできないとされている[25]。しかし、実務では、参与員は申立人以外からも聴取をして、家庭裁判所に聴取内容に基づく意見を述べている[26]。

(イ) 家庭裁判所調査官

家庭裁判所調査官は、裁判官の命令により事実を調査したり、家事審判手続の期日に立ち会ったりする、家庭裁判所の職員である（家事58条1項・59条1項、裁61条の2第4項）。調査官は、事実の調査の結果を家庭裁判所に報告するものとされ、この報告に意見を付することができる（家事58条3項4項）。また、家庭裁判所が必要と認めたときは、期日に立ち会った調査官は、家庭裁判所に意見を述べることができる（家事59条2項）。

(ウ) 受理面接の期日における聴取

受理面接の期日が決まったら、呼び出しを受けた申立人や本人は、家庭裁判所に出頭することになる。期日に出頭した申立人や本人は、参与員や調査官から詳しい事情を聴取される。参与員は、本人の生活歴・病歴等の申立てに至った経緯や、本人の生活状況・家族状況・親族関係等の本人に関する状況などについて聴取する（家事40条3項本文）。調査官

---

24) 新井ほか58頁。
25) 前掲金子編181頁。
26) 新井ほか59頁。

は、本人の心身の状態・判断能力・申立てについての本人の意向・後見人等の候補者についての意向を具体的に確認する。補助・保佐の場合には、代理行為目録の一つ一つの項目について、本人の意思を確認することになる。本人の自己決定を尊重するためである（民876条の9・876条の4第1項第2項参照）。

参与員や調査官による面接の仕方は、家庭裁判所や事案ごとに異なる。参与員が面接した後に調査官が面接するケースもあれば、調査官のみが面接するケースもある。前者のケースでは、参与員の質問と調査官の質問が重複してされることがあるため、面接の時間が長くなる傾向にある。この場合における面接の時間は概ね1時間程である。本人の体が不自由なことなどで家庭裁判所への出頭が困難な場合には、調査官は本人が居住している自宅や施設などに訪問して面接をすることになる。

(エ) 参与員・家庭裁判所調査官の聴取の法的性質

ちなみに、参与員の説明の聴取の法的性質は事実の調査ではなく、説明の聴取の結果は、あくまで申立人が提出した資料の内容を補足するものにすぎない[27)]。これに対し、調査官は立ち会った期日において事実の調査をすることができるものとされており[28)]、この法的性質はまさに事実の調査と位置づけられるものである[29)]。このため、家庭裁判所は、参与員の意見から事実についての心証を形成することができず、必要に応じて事実の調査や証拠調べをする必要があるとされる[30)]。

④鑑定

保佐・後見の場合には、家庭裁判所が必要ないと判断した場合を除き、本人の精神状況について鑑定をすることになる（家事133条・119条1項）。鑑定については**第2章9**参照。

---

27) 前掲金子編181頁。
28) 前掲金子編270頁。
29) 前掲金子編182頁。
30) 松川正毅・本間靖規・西岡清一郎「新基本法コンメンタール人事訴訟法・家事事件手続法」（日本評論社、2013年）193頁。

⑤審理期間

審理期間は1か月から2か月程であることが多い（令和4年の審理期間は、2か月以内に終局したものが71.9%、4か月に終局したものが93.7%となっている（「概況」参照)。

(2) 後見等開始の審判

家庭裁判所は、申立書や添付書類などの書類や、参与員と調査官の意見などをもとに、審判の内容を決定することになる（家事40条1項・59条2項)。申立てどおりに審判が決まることもあれば、類型を変更するために申立ての趣旨を変更（家事50条1項）するように促されることもある。例えば、後見類型で申立てをしたところ、家庭裁判所が、申立てに関する資料や受理面接における調査の結果などから、本人の判断能力は保佐類型が相当であると判断した場合は、保佐類型の申立てに趣旨を変更するように促される。申立ての趣旨を変更するには、原則として書面でしなければならない（家事50条2項)。

(3) 後見人等の選任の審判

①後見人等の選任の基準・要件

家庭裁判所は、後見等開始の審判をするときは、後見人等を選任する（民876条の7第1項・876条の2第1項・843条1項)。家庭裁判所は、①本人の心身の状態、生活や財産の状況、②後見人等となる者の職業・経歴・本人との利害関係の有無、③本人の意見、④その他一切の事情を考慮して、後見人等を選任しなければならない（民876条の7第2項・876条の2第2項・843条4項)。ただし、①未成年者、②家庭裁判所に免ぜられた法定代理人（親権者・後見人）・保佐人・補助人、③破産者（ただし、復権を受けた者は除く)、④本人に対して訴訟をしている者・訴訟をした者・その配偶者や直系血族、⑤行方の知れない者は後見人等になることができない（民876条の7第2項・民876条の2第2項・843条)。

②後見人等の候補者がある場合

(ア) 親族後見人・専門職後見人

実務では、申立書の後見人等の候補者欄に記載するという形で、後見人等の候補者を推薦していることが多い。ただ、後見人等を選任することは家庭裁判所の職権なので（民876条の7第1項・876条の2第1項・843条1項）、申立書に後見人等の候補者として推薦された者以外の者が後見人等に選任されることもある。推薦する候補者が本人との間で債権債務関係がある場合や、関係者に利害対立があって紛争性がある場合などは、推薦された候補者以外の第三者が後見人等に選任されることになる。特に本人の親族を候補者に推薦した場合には、弁護士や司法書士などの専門職が後見人等に選任されることが少なくない。最高裁判所は、「本人の利益保護の観点からは、後見人となるにふさわしい親族等の身近な支援者がいる場合には、これらの身近な支援者を後見人に選任することが望ましい」との報告を厚生労働省が開催した会議でしているのだが、実際には、専門職が後見人等に選任されることが8割以上となっている[31]。これは、親族を候補者とする事案であっても、親族間に対立があり、親族の候補者を選任した場合にトラブルが予想される事案であったり、法律上の専門的な対応が必要とされる課題がある事案であったりすることが少なくないからである。要するに、「後見人となるにふさわしい親族等の支援者がいる場合」に該当する事案が少ないのである。なお、後見人等の選任にあたっては、候補者の意見を聴くことになっており（家事139条2項・130条2項・120条2項）、候補者の意向を考慮せずに選任することができないようになっている。

---

31)「概況」によると、令和4年の後見人等と本人との関係については、親族以外の者が後見人等に選任されたものは、全体の約80.9％であったとされる。そのうち、司法書士が選任されたものは、全体の約36.8％、弁護士が選任されたものは、全体の約27.1％、社会福祉士が選任されたものは、全体の約18.3％であったとされ、実際には、専門職の中でもこの三者から選任されることが多い。

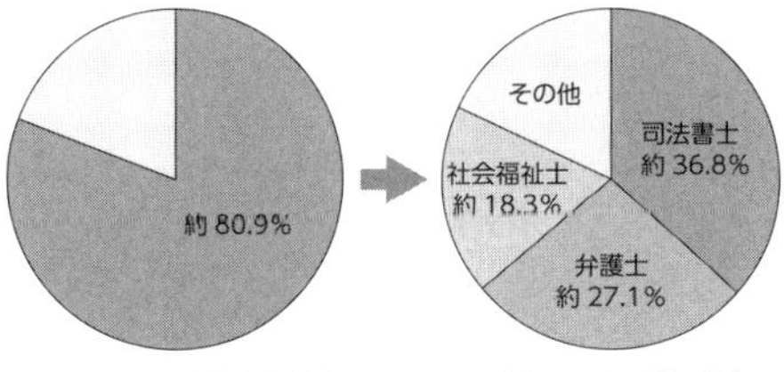

親族以外の後見人等選任割合　　選任された専門職の割合

（イ）市民後見人

このほか、市民後見人が選任されたものは、全体の約0.8％であったとされる。「市民後見人」とは、弁護士や司法書士などの法律専門家、社会福祉士などの福祉の専門家ではない親族以外の市民の後見人等のことである。市民後見人は、法律や福祉の専門家ではないため、市町村や都道府県が委託している実施機関による研修を受講することが必須となっている。その研修を受講すると、研修修了者の名簿に登録され、家庭裁判所に後見等開始の審判の申立てがあった場合に、登録されている市民後見人を後見人等の候補者とする。その候補者が家庭裁判所に後見人等として選任されることにより、後見人等の事務を行うことになる。市民後見人は、あくまで専門職ではないため、実施機関による支援が不可欠である。この市民後見人は、今後増加する成年後見制度の利用に対して、専門職後見人だけではその対応が限界に達するであろうと想定されることから、親族や専門職以外の後見人を養成し、これを活用するために考えられたものである。特に専門性が要求されない事案については、市民後見人を積極的に活用することにより、成年後見制度を必要とする人たちにとって利用しやすくなると考えられる。ただ、市民後見人といっても、本人の権利を擁護するために後見等の事務を行うことは専門職後見人と同様であるから、関係者間の信頼関係の構築が何よりも重要であろう。この場合における関係者間とは、本人と市民後見人、その市民後見人を養成し支援する自治体や実施機関だけでなく、家庭裁判所も含めて考えるべきである。本人、市民後見人、自治体や実施機関の間で信頼関係が築けていても、家庭裁判所において、市民後見人の養成や支援体制について信頼関係が築けていないと、市民後見人の選任について消極的なものになってしまうからである。市民後見人の養成や支援体制を構築する過程においては、家庭裁判所と連携することが不可欠であると思われる。市民後見人を養成している自治体はまだ少ないようだが、市民後見人の養成とともに、その支援体制の構築が各自治体でなされていくことが期待される[32]。

---

32) 市民後見人の意義と課題につき、新井誠「成年後見制度の生成と展開」（有斐閣、2021）99-

③後見人等の候補者がない場合

なお、候補者の推薦がない場合や推薦された候補者が不適当と考えられる場合には、家庭裁判所が適任者を探すことになる。そのために家庭裁判所では、弁護士会、成年後見センター・リーガルサポート（後見業務を専門とする司法書士で組織された団体であり、司法書士会とは別の組織である）、社会福祉士会などから後見人等の候補者の推薦を受けている。リーガルサポートでは、指定された研修を受講した会員が申請することにより推薦名簿に搭載されて、その推薦名簿に搭載された会員に後見人等の就任を打診して、承諾があった会員を家庭裁判所に推薦するという運用がなされている。

④複数選任

（ア）複数選任のニーズ

また、後見人等について、複数の者を選任することができる。複数の後見人等を選任する場合としては、財産管理と身上保護を分けて、前者を法律専門家に担当させて、後者を親族や福祉の専門家に担当させることが、実務では多く行われている。このような形で後見人等を複数選任するケースとしては、管理する財産が多額な場合やその種類が多い場合である。そのほか、本人が相続人として遺産分割をする場合、共同相続人である親族が後見人等になることは、本来であれば利益相反となるため避けるべきであるが（民860条本文・826条1項）、その親族と法律専門家を後見人等に選任して、当該遺産分割については法律専門家に担当させるといった運用もなされている。

このほかにも、親なき後問題に対応するために、本人の親とほかのより若い親族や第三者を後見人等に選任することが考えられる。これにより、親が亡くなった後も後見人等が不在となることを避けることができる[33]。

103頁参照。

33) 新井ほか45頁。

(イ) 複数選任における後見人等の権限

複数の後見人等が選任された場合でも、各後見人等は原則として単独で権限を行使することができる。ただ、家庭裁判所は、職権で、権限を分掌して行使すべきことを定めることができる（民876条の10第1項・876条の5第2項・859条の2第1項)。各後見人等の権限が抵触して混乱するおそれのある場合に備えることを可能とするためである[34)]。例えば、財産管理に関する権限を法律専門家に分掌し、身上保護に関する権限を親族や福祉の専門家に分掌することが考えられる。また、家庭裁判所は、職権で、権限の共同行使について定めることができるとされているが（民876条の10第1項・876条の5第2項・859条の2第1項)、実務では、あまり行われていない。各後見人等の足並みが揃わず、後見人等の事務が停滞してしまうことが想定されるからである。なお、権限分掌や共同行使の定めは、後見等の登記により公示されることになり（後見登記4条1項7号)、取引の安全が図られている。

(4) 代理権付与・同意権付与の審判

補助開始・保佐開始の申し立てと同時に代理権付与の・同意権付与の申立てがなされたときは、補助開始・保佐開始の審判の審判と同時に、代理権付与・同意権付与の審判がなされる。なお、補助開始の審判をする際には、それと同時に、代理権付与・同意権付与の審判のいずれか、または双方の審判をしなければならない（民15条3項)。代理権も同意権も有しない補助人を認める必要がないからである。

代理権付与の審判がなされると、審判書に「別紙代理行為目録の行為につき、補助人（保佐人）に代理権を付与する」と記載され、別紙に代理行為が記載されて、代理行為が特定される。

同意権付与の審判がなされると、審判書に「本人は、別紙同意行為目録記載の行為をする場合には、その補助人の同意を得なければならない」と記載され、別紙に同意行為が記載されて、同意行為が特定される。

---

34) 同上。

8. 後見等開始の審判手続の終結

(1) 家庭裁判所による審判とその告知

後見等開始の審理が終わると、申立てに対しての審判がなされる。要件を充たしていれば後見等開始の審判がなされ、併せて、後見人等の選任、同意権や代理権を付与する審判など必要な審判がなされる。これらの審判がなされると、家庭裁判所から、本人、申立人、後見人等に対して、審判書が送付され、この送付をもって審判の告知がなされる（家事74条1項)。告知は、審判を対外的に成立させるため、審判内容を関係者に知らせる裁判所の事実行為とされている。告知は、審判の確定や、不服申し立てである即時抗告の期間が進行するという手続上重要な意味を持つものである[35)]。

(2) 審判書の記載事項

審判書には、主文（審判の内容)、本人に関する情報（本籍・住所・生年月日・氏名等)、申立人に関する情報（氏名等)、後見人等に関する情報（住所・氏名等)、裁判所が記載され（家事76条2項)、代理権・同意権を付与する審判がなされたときは、審判書には、代理行為目録・同意行為目録が記載される。なお、専門職が後見人等に就任する場合、個人の住所ではなく、後見人等の事務を効率的に遂行できる事務所の所在地を「住所」として記載する扱いや、住所と事務所の所在地を併記する扱いが認められている。

(3) 審判の確定

①審判の確定とその起算日

審判の告知がなされてから2週間が経過すると、その審判が確定する

35) 新井ほか71頁。

ことになる（家事86条1項本文）。審判が確定すると選任された後見人等は、正式に後見人等に就任することになる。2週間の起算日は、審判書が到達した日である。補助と保佐については、本人と補助人・保佐人に到着した日のうち最も遅い日が起算日となるが（家事141条2項・132条2項）、後見については、成年後見人に到着した日が起算日となる（家事123条2項）。後見類型の場合は、本人には判断能力を欠く常況にあるため、本人には審判が告知されず、通知されるだけだからである（家事122条1項1号。なお家事140条柱書1号・131条柱書1号・74条1項参照）。

実務では、告知は審判書謄本が特別送達で送付され、通知は審判書謄本が普通郵便で送付される。特別送達がされると、審判書謄本の到達日が家庭裁判所に記録されるので、家庭裁判所に問い合わせることにより、確定日を確認することができるようになっている。

②審判の確定日の計算

2週間の期間の計算をするにあたっては、審判書謄本の到達日は参入せず、その翌日から起算することになる（家事34条4項、民訴95条1項、民140条）。また、期間の末日をもって満了となるが（家事34条4項、民訴95条1項、民141条）、期間の末日が、日曜日・土曜日・祝日・1月2日・1月3日・12月29日から12月31日までの日に当たるときは、その翌日に満了することになる（民訴95条3項）。そのため、土曜日に審判書謄本が特別送達で到達したときは、翌日の日曜日から起算し、2週間後の土曜日が期間の末日となるが、翌々日の月曜日に満了し、翌日の火曜日に審判が確定することになる。

(4) 不服申立て

申立人を除く申立権を有する者として民法15条1項・11条本文・7条及び任意後見契約法10条2項に規定されている者（本人、配偶者、四親等内の親族、後見人等、後見監督人等、検察官、任意後見受任者、任意後見人、任意後見監督人）は、この2週間の期間が経過するまでは、申立ての審判に対する不服申立てとして即時抗告をすることができる（家事141条1項1号・132条1項1号・123条1項1号・86条1項本文）。ただし、市町村長は即時抗告をすることができない。市町村長に申立権が認められた趣旨は、身寄りのない高齢者等に対して迅速かつ適切な保護を与えるためであるから、その目的に適う申立てについての審判に対する不服申し立てをすることまで認める必要がないからである[36]。これに対し、後見人等の選任に対しては即時抗告をすることができない。また、申立てを却下した審判に対しては、申立人のみが、即時抗告をすることができる（家事141条1項2号・132条1項2号・123条1項2号)。

(5) 登記の嘱託

家庭裁判所書記官は、後見等開始の審判が確定した場合には、遅滞なく、登記所に対し、後見登記の嘱託をしなければならない（家事116条1号・家事規77条1項4項)。実務では、各地の家庭裁判所書記官は、東京法務局に後見登記を嘱託することになっている。後見登記が嘱託されてから、1週間から10日で後見登記等ファイルに記録されて登記が完了し、その後、1週間から10日後に、家庭裁判所書記官から、登記完了と登記番号が、後見人等に通知されることになる。その後、登記事項証明書を取得する際には、登記番号を明示することにより、速やかに取得することができる。

(6) 後見等開始の申立ての取下げ

なお、後見等開始の申立ては、家庭裁判所の許可がなければ、取り下げることができない（家事142条・133条・121条)。申立人が、思い通りに後見人等が選任されなさそうなどということを理由に、申立てを取り下げることを禁止するためである。実務では、受理面接の際に、申立てをした本人が翻意して後見制度の利用を拒絶した場合に、家庭裁判所に取下書を提出して、家庭裁判所がその取下げを許可することがある。

---

36) 新井ほか73頁。

9. 後見等開始の審判と精神状況の鑑定

(1) 後見類型・保佐類型の場合

①原則

後見開始の審判をするには、本人の精神の状況につき鑑定をしなければならないのが原則である（家事119条1項本文)。保佐開始の審判についても同様である（家事133条・119条1項)。本人にとって制限の大きい後見と保佐については、家庭裁判所は、医師等の専門家の信頼性の高い鑑定資料を踏まえたうえで慎重に判断するためである[37]。また、保佐と後見は本人を保護するための制度であり、後見人等の選任において本人の意見を考慮しなければならないとする（民876条の2第2項・843条4項）など（そのほか、保佐人に代理権を付与するには本人の同意を要するとされる（民876条の4第2項))、法は本人の自己決定を尊重することを求めている。このため、本人が鑑定を拒否して鑑定ができない場合には、後見・保佐の審判はできないことになる[38]。

②鑑定を要しない場合

例外として、明らかに鑑定をする必要がないと認めるときは、鑑定しなくともよい（同条ただし書)。明らかに鑑定をする必要がないと認めるときとは、①植物状態である場合、②重篤な意識障害がある場合、③認知症の高齢者であって診断書で後見相当と意見が付され記憶障害などの各種障害の程度が高く認知機能検査結果のレベルが低い場合、④アルツハイマー型認知症・脳血管性認知症などの症例による判断能力の低下の意見が付され検査結果などから鑑定をしてもその結果が変わるものとは判定しにくい場合、⑤先天的な重度の知的障害でその程度を示す療育手

37) 新井ほか63頁。
38) 東京家審平成15（2003）年9月4日家月56巻4号145頁。

帳の提示がある場合などである[39]。実務では、診断書等の記載内容や受理面接における本人・申立人からの聴取などを基に判断能力の判定ができると判断される場合にも、鑑定は実施されない扱いがなされている。

③鑑定の現況

鑑定が実施されると、1か月から2か月ほどの期間を要することになる[40]。また、鑑定にかかる費用は3万円から10万円である[41]。すなわち、鑑定が実施されると、審判が下りるまでに時間と費用がかかることになる。しかし、実際に鑑定が実施されているのは、全体の10%以下であり、原則と例外が逆転している現象が生じている[42]。このように、実務において、鑑定の実施件数が低いのは、上記のような事情に配慮しているのかもしれない。なお、実務では、申立書と併せて鑑定連絡票を家庭裁判所に提出している。

(2) 補助類型の場合

補助開始の審判をするためには、精神の状況につき医師その他適当な者の意見を聴かなければならないが（家事138条)、鑑定をする必要はないとされている。補助開始の審判について鑑定が不要となっているのは、補助類型は、本人には判断能力がある程度はあることから、鑑定で時間と費用を費やすより、本人の自己決定の尊重を図っても支障がないと考えられるからである[43]。

---

39) 同上65頁。

40)「概況」によると、令和4年の鑑定の期間については、1か月以内のものが全体の約53.5%で、2か月以内のものが全体の約89.4%であったとされる。

41)「概況」によると、令和4年の鑑定費用については、5万円以下のものが全体の約45.4%で、10万円以下のものが全体の約86.9%であったとされる。

42)「概況」によると、令和4年における成年後見関係事件の終局事件のうち、鑑定が実施されたものは、全体の約4.9%であったとされる。

43) 新井ほか63頁。

(3) 鑑定の手続・鑑定事項

①鑑定の手続

鑑定の手続には、民事訴訟法の規定が準用されるため（家事64条、民訴212条以下）、例えば、鑑定人による宣誓（民訴216条・201条1項）などの手続を経なければならない。実務では、鑑定連絡票に記載された医師に鑑定を依頼する。それができないときは、家庭裁判所は鑑定人候補者名簿から選任することとなっている。家庭裁判所は、鑑定人が決まったら、鑑定依頼書・鑑定人指定書・宣誓書等を、鑑定人に送付することとなる[44)]。

②鑑定事項

鑑定事項は、①精神上の障害の有無・内容、障害の程度、②自己の財産を管理・処分する能力、③回復の可能性を中心にしてなされ、さらに具体的な事項が加わることもある[45)]。

---

44) 同上66頁。
45) 同上。

後見等開始の審判手続の流れ

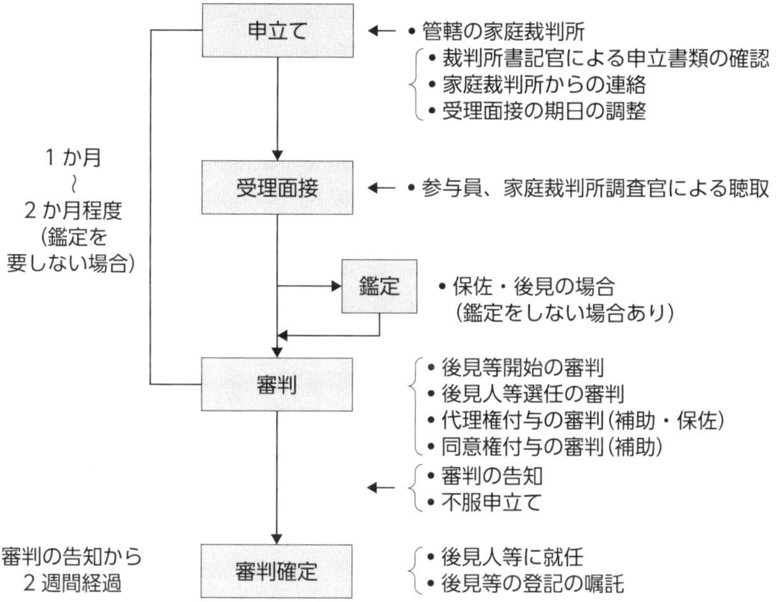
申立て
• 管轄の家庭裁判所
• 裁判所書記官による申立書類の確認
• 家庭裁判所からの連絡
• 受理面接の期日の調整
1か月
~
2か月程度
(鑑定を
要しない場合)
受理面接
• 参与員、家庭裁判所調査官による聴取
鑑定
• 保佐・後見の場合
(鑑定をしない場合あり)
審判
• 後見等開始の審判
• 後見人等選任の審判
• 代理権付与の審判(補助・保佐)
• 同意権付与の審判(補助)
• 審判の告知
• 不服申立て
審判の告知から
2週間経過
審判確定
• 後見人等に就任
• 後見等の登記の嘱託

第3章
後見人等の事務と権限・義務

後見人等の事務には、財産管理と身上保護がある（民858条）。これらの事務を遂行するために、成年後見人には包括的な代理権（民859条1項）と取消権（民9条）が認められており、補助人と保佐人には、必要な範囲で代理権と取消権が与えられる（民876条の9第1項・876条の4第1項・17条1項4項・13条1項4項）。

後見人等の事務は多岐にわたるので、どの事務をすべきなのか事前に把握するように努めることが重要である。

1. 財産管理に関する事務

(1) 成年後見人の場合

①財産調査の必要性

成年後見人に就任したら、まず本人の財産を調査して収支を把握するところから始めることになる。成年後見人は、就任してから1か月以内に財産目録を作成して家庭裁判所に提出しなければならないからである（民853条1項本文）。これは、本人の財産の状況を迅速に明らかにして、適切な成年後見人の事務を開始するためである[1)]。実務では、家庭裁判所から財産目録の書式が送付されるが、そこに財産目録を提出する

[1)] 新基本法親族304頁。

期限が記載された書面を同封するという形で提出期限が通知される。本人の財産が複雑で期間内に財産目録を作成できない事情があるときは、家庭裁判所によって、この期間が伸長されることがある（853条1項ただし書）。

②成年後見人に就任直後の事務

(ア) 金融機関での登録・調査

成年後見人に就任したら、本人の通帳を預かることになる。その後、その通帳を持参して金融機関に出向いて後見人等の登録をする（金融機関の求める手続における問題点につき、**第3章3 (1) ②**参照）。この登録をすることにより、その際に後見人等が届出をした印鑑を使用して金融機関での取引（入金・出金や振込みなど）をすることができるようになる。なお、金融機関によっては、それまで使用していた本人の届出印は使用できなくなり、また、本人が使用していたキャッシュカードも使用できなくなる。金融機関によっては代理人用のキャッシュカードを発行・利用することができる。代理人用のキャッシュカードが発行されない金融機関（信用金庫に多い）では、窓口で取引をすることになる。代理人用のキャッシュカードが発行される金融機関はあまり多くないようである。取引のある支店以外の支店の窓口での取引が可能かどうかは金融機関により異なる。それが可能でない金融機関では、取引ごとにその支店に出向かなければならない。なお、金融機関によっては、口座名義が「本人後見人等　○○○○」と変更されることとなる。

この登録の際には、通帳のほかに、後見等開始の登記事項証明書（または審判書と確定証明書）・運転免許証等の身分証明書・実印・印鑑証明書を持参して提示する。特に、実印と印鑑証明書を忘れずに持参するようにする。

本来であれば後見人等が登記された登記事項証明書を金融機関に提示するところだが、後見人等への就任直後は後見等開始の登記が完了していないため登記事項証明書を取得することができないので、後見等開始の審判書と確定証明書の原本を提示することになる。確定証明書は、後見等開始の審判が確定してから、家庭裁判所に申請書と印紙150円を提出すると取得することができる。確定証明書を取得する際には申請書と請書に押印する必要があるため、印鑑（認印可）を持参するとよい（郵送でも取得ことができる）。審判確定日については、事前に家庭裁判所に問い合わせて確認することができる。

また、弁護士や司法書士などの専門職が後見人等に就任している場合、個人の運転免許証等・実印・印鑑証明書に代えて、弁護士会・司法書士会等の会員証・職印・家庭裁判所が発行した印鑑証明書を提示することができる金融機関が増えている。これは、専門職が後見人等に就任する場合、事務所の所在地を「住所」とする扱いが認められているためである。

届出印については、実印と同一の印鑑が求められる金融機関と、実印と別の印鑑でよいとする金融機関がある。

成年後見人の登録をする際には、預かった通帳以外に取引がないかその場で確認する。ゆうちょ銀行の場合は、一度本部に照会してから、後日照会結果が書面にて通知される扱いである。その結果、把握していなかった取引が判明したら、通帳を再発行するとともに、必要に応じて取引履歴明細書や残高証明書を取得する。把握している取引があっても通帳を紛失していれば再発行をすることになる。

このようにして、金融機関での財産調査を行うとともに、後見人等として金融機関で取引をすることができるようにする。金融機関で後見人等の登録をすると、後見人等しか金融機関での取引ができなくなることがあるので、この場合には、本人の親族が従来使用していたキャッシュカードを使用して、無断で現金を引き出すことを防ぐことが可能となる。

(イ) 収支の調査と送付先の変更

㋐内容

成年後見人が適切に本人の財産管理をするためには、本人の収支の状況を把握する必要がある。後見人等に就任してから１か月以内に、財産目録を作成して、家庭裁判所に提出しなければならならないが（民853条１項本文）、実務では、その際に、収支予定表も併せて提出することになっている（民861条１項）。

まず、本人から預かった通帳や請求書等から収入または支出の相手先や内容を確認する。例えば、公共料金、保険会社の保険料、携帯電話料金、各種介護サービス利用料などである。次に、その相手先に電話や通知の送付をして、収入または支出の内容や未払金の有無を調査する。その際に、請求書等の送付先を後見人等の住所・事務所に変更しておく。本人の財産を適切に管理するためには、本人宛の郵便物の存在や内容を知ることが必要だからである。本人に関する様々な費用を漏れなく支払いをするためにも、必要な手続である。

この調査は、中部電力や市町村の水道お客様センターなど、電話一本で完了するところもあれば、NTTなど、後見等の登記事項証明書（または審判書と確定証明書）を添付して書面で通知しなければならないところもあるため、事前に問い合わせて確認しておくとよい。登記事項証明書の期限が定められていることもあるので、その点も確認が必要である。なお、かんぽ生命など、送付先の変更に応じてもらえないこともあるので、注意を要する。

市町村役場でも必要に応じて収入または支出の調査と送付先の変更をする。例えば、後期高齢者医療保険・介護保険・固定資産税などである。滞納金があれば、納付方法について協議して計画的に納付することになる。送付先の変更をしておくと、後見人等の住所に各種納付書や各種手続の案内などが届くようになるので、漏れなく各種納付や各種手続をすることができる。なお、送付先の変更の手続は、担当窓口ごとにしなければならない役場が多いので、場合によっては後見人等の負担が大きくなってしまうことが懸念される。送付先の変更の手続をするためには、登記事項証明書（または審判書と確定証明書）・後見人等の身分証明書が必要である。

年金を受給している場合には、国民年金と厚生年金であれば、管轄の年金事務所で後見人等の届出をする。この届出をすることによって、年金に関する通知を後見人等が受け取れるようになる。この手続をするためには、届出書、登記事項証明書（または審判書と確定証明書）、後見人等の身分証明書が必要である。弁護士や司法書士などの専門職が後見人等に就任しており、その事務所への送付先を変更する場合、名刺など事務所所在地が記載された書面等の提示が求められる（郵送で届出をした場合、封筒に差出人として事務所所在地が記載されていれば、別途名刺等の提示をしなくても手続がなされる扱いのようである）。企業年金や共済年金を受給している場合には、それぞれ企業年金連合会や各共済年金で同様の届出をすることになる。この届出は郵送でもすることができる。

㋑転居届

本人が長期入院をしているような場合には、後見人等が本人の郵便物を確認できるようにするため、郵便局で転居届を出して本人宛の郵便物が本人の所在する医療機関などに届くようにしておく。そして、後日、本人宛の郵便物を預かっておく。転居届の期間は１年間なので、必要があれば再度転居届を出すことになる。

㋒郵便物等の管理

(A) 家庭裁判所の審判による郵便物等の転送

ⓐ趣旨

郵便局における転居届をしても、本人の郵便物の管理が十分にできない場合には、家庭裁判所に申立てをすることにより、成年後見人に郵便物を届けさせることができる（民860条の２)。

郵便物の内容を的確に知ることによって、本人の財産を正確に把握することができ、適切な財産管理をすることが可能となる。後見の場合は、本人による郵便物の管理が十分にできていないため、郵便物の存在や内容を知ることができず、適切な財産管理に支障をきたしていたという事情があった。このようなことから、平成28年の法改正により、家庭裁判所の審判を得て、本人宛の郵便物を成年後見人に転送することができることとしたのである[2)]。

ⓑ手続

本人宛の郵便物等を成年後見人に転送させるためには、成年後見人が家庭裁判所に対して申立てをすることになる。家庭裁

---

2) 新基本法親族320頁。

判所は、成年後見人の事務の遂行に必要であると認めたときは、郵便事業者等に対し、本人宛の郵便物を成年後見人に配達すべき旨を嘱託することができる（民860条の2第1項）。転送先は、成年後見人の住所だけでなく、成年後見人が弁護士や司法書士などの専門職である場合には、その事務所も含まれる[3)]。転送の対象となる郵便物には信書便物も含まれる。信書便物とは、信書便の役務により送達される信書のことである（民間事業者による信書の送達に関する法律2条3項）。信書とは、特定の受取人に対し、差出人の意思を表示し、または事実を表示する文書のことである（民間事業者による信書の送達に関する法律2条1項、郵便法4条2項）。例えば、請求書・領収書・契約書・保険証・各種証明書などである。

家庭裁判所は、郵便転送の嘱託の審判をする場合には、心身の障害により陳述を聴くことができないときを除き、本人の陳述を聴かなければならない（家事120条1項6号）。郵便転送の嘱託の審判が確定すると、家庭裁判所から郵便事業者等に対して、その審判の内容が通知される（家事122条2項）。

ⓒ転送の嘱託の期間

郵便転送の嘱託の期間は、6ヶ月を超えることができないとされている（民860条の2第2項）。これは、この嘱託は本人の通信の秘密（憲21条2項後段）に対する制約となるからである。もっとも、嘱託の期間が満了した後に、なお郵便転送を行う必要があるときは、再度、郵便転送の申立てをすることができるとされている[4)]。

ⓓ成年後見人の任務が終了した場合

本人の死亡などにより成年後見人の任務が終了したときは、家庭裁判所は、郵便転送の嘱託を取り消すことになる（民860条の2第4項）。

---

3) 同上321頁。
4) 同上。

ⓔ転送の嘱託の取消し・変更

なお、家庭裁判所は、郵便転送の嘱託があった後に事情の変更があったときは、本人・成年後見人・成年後見監督人の申立てまたは職権により、郵便転送の嘱託を取り消したり、変更したりすることができる（民860条の2第3項本文)。郵便転送の嘱託の取り消しをする場合とは、本人と成年後見人が同居するようになった場合などである[5)]。この場合には、取消しの審判が確定すると、それ以降の郵便転送は中止されることになる[6)]。郵便転送の嘱託の変更をする場合とは、嘱託の期間を短縮する場合、成年後見人が転居した場合、本人が転居した場合などである[7)]。ただし、嘱託の期間を伸長することはできない（民860条の2第3項ただし書)。この嘱託は、本人に対して通信の秘密を制約するものだからである。そのことから、本人にも申立権が認められており、本人は意思能力があれば、自ら手続をすることができる（家事118条8号)。

(B)　郵便物等の開封・確認

また、成年後見人は、本人宛の郵便物等を受け取ったときは、これを開いてみることができる（民860条の3第1項)。これは、成年後見人が適切な財産管理するためには、本人宛の郵便物等の存在や内容を知ることが必要であることから、従前から成年後見人には本人宛の財産に関する郵便物等について開封して内容を確認する権限があると解されてきたことを立法化したものである[8)]。そのため、ここにいう郵便物等には、郵便転送の嘱託により受け取ったものだけでなく、それ以外の方法で受け取った本人宛の郵便物も含まれることになる[9)]。そして、この郵便物等の内容には制限がない。これは、その内容が本人の財産に関するもの

5) 新基本法親族321頁。
6) 同上。
7) 同上。
8) 同上322頁。
9) 同上。

であるか否かが確認できないからである。

成年後見人は、その受け取った本人宛の郵便物等で成年後見人の財産管理の事務に関係ないものは、速やかに本人に交付しなければならない（民860条の3第2項）。成年後見人が本人宛の郵便物等を開封して内容を確認することは、通信の秘密を制約するものだからである。本人は、成年後見人に対し、その受け取った郵便物等の閲覧を求めることができる（民860条の3第3項）。この求めがあったときは、成年後見人は所持している本人宛の郵便物等を本人に閲覧させなければならない[10)]。

（ウ）財産目録・収支予定表の作成・提出

㋐財産目録の作成・提出

成年後見人に就任したら、速やかに財産調査に取り掛かることになる。1か月以内に財産目録を作成して家庭裁判所に提出することになっているからである（民853条1項本文）。財産目録については、家庭裁判所のウェブサイトに掲載されているものを使用することもできるが、決まった様式があるわけではない。実務では、後見人等に財産目録の書式が送付されるので、それを使用して財産目録を作成することができるようになっている。

財産の状況が複雑な場合などには、家庭裁判所の許可を得てその期間を伸ばすことができる（民853条1項ただし書）。ただし、財産目録の作成が終わるまでは、成年後見人は、急迫の必要がある行為をする権限しか認められていない（民854条本文）。成年後見人に財産目録の作成・提出が求められている趣旨は、成年後見人において本人の財産状況を的確に把握していなければ適切な財産管理をすることができず、また、家庭裁判所においても成年後見人の事務を適切に監督することができないからである。そのため、成年後見人が財産目録の作成・提出前に無制限にその権限を行使することができるとすれば、財産目録の作成・提出の趣旨が失われてしまうことに

---

10) 同上323頁。

なる[11]。その反面、財産目録の作成・提出をするまで一切の権限の行使が認められないとすると、本人に不利益な事態が生じても、それに対処することができないことになる[12]。そのため、財産目録の作成・提出前には、「急迫の必要のある行為」に限定して権限の行使が認められている。なお、この規定により制限される成年後見人の権限とは、財産管理に関する権限を指し、身上保護に関する権限は含まれないとされている[13]。財産目録の作成・提出を通じて適切な財産管理と家庭裁判所による適切な監督を図るのであれば、身上保護に関する権限まで制限する必要はないからである。実際にも、施設入所のために後見開始の申立てをしたケースでは、成年後見人の就任直後に施設入所の契約をすることがある。

急迫の必要がある行為とは、財産管理に関するものであれば法律行為だけでなく事実行為も含まれる[14]。例えば、請求権を保全するための時効中断や差押え、緊急を要する家屋の修繕などである[15]。このように、財産目録作成前の権限は限定的なので、速やかに財産調査に着手して財産目録を作成するようにしなければならない。

㋑収支予定表の作成・提出

また、成年後見人に就任したら、本人の年間の収入と支出の見込額をまとめた収支予定表を作成し、家庭裁判所に提出しなければならない（民861条１項)。これは、成年後見人が無計画で恣意的な支出をすることを防ぎ、適切な財産管理ができるようにするためである[16]。収入には、公的年金や生命保険等の年金型給付などがあり、振込通知書や預金通帳の記載などから確認することができる。支出には、健康保険料、介護保険料、税金、施設利用料、入院費、公共料金その他生活費であり、納税通知書、領収書、預金通帳の記載などから確認することができる。収支予定を立てることにより、今後

11) 新版注民（25）388頁。
12) 新基本法親族305頁。
13) 新版注民（25）389頁。
14) 同上。
15) 新基本法親族305頁。
16) 同上323頁。

の本人の生活について検討が必要なケースがでてくることもある。例えば、施設利用料が高額で、預金を切り崩しても数年で預金が底を尽きてしまうようなケースでは、費用が安い施設への入所を検討したり、生活保護の申請を検討したりしなければならなくなる。また、生活費を切り詰めたり、逆に預金に余裕があれば生活を豊かにするために支出を増やしたりするなどを検討する必要になることもある。実務では、家庭裁判所から、財産目録も書式と併せて収支予定表の書式が送付され、それに記載して家庭裁判所に提出することができるようになっている。

③財産目録等の提出後の財産管理

(ア) 財産管理の方針を立てる

財産目録・収支予定表を作成して家庭裁判所に提出したら、今後の財産管理の方針を立てることになる。例えば、以下の通りである。

現金払いの支払いがあれば、口座から引き落とされるように手続をしておく。また、引き落とされる口座が複数ある場合には、一つの口座にまとめるなど管理しやすいようにしておくとよい。口座引き落としにしておけば、支払いを忘れることがないし、収支の状況が通帳に記載されるので収支の管理や集計がしやすくなる。預貯金口座を多数所持している場合には、使用していない口座を解約するなどして所持する口座の数を少なくしておくと、収支の管理や集計がしやすくなる。高額な預貯金口座がある場合には、すべて普通預金口座で管理するのではなく、収支予定表を見て、本人の生活支援に必要な金額以外は定期預金に切り替えて管理するようにする。多額の現金をそのまま管理していると紛失のおそれがあるので、切手代や交通費など少額の現金は小口現金として後見人等の手元に保管して、それ以外の現金は預貯金口座に預けておくようにする。小口現金は現金出納帳に収支を記録して管理する。

成年後見制度は、本人の身上の保護を目的とし、財産管理も身上保護のために行うべきものであり、身上保護のために必要であれば、積極的に本人の財産を使用すべきである[17]。

(イ) 具体的な財産の管理方法

㋐現金・預貯金

現金については、紛失のおそれがあることから、少額の管理にとどめて、できるだけ預貯金口座に預け入れて管理すべきである。

預貯金については、本人名義または本人とともに後見人等の氏名が付加された名義の口座にて管理すべきである。後見人等の名義で管理することは、財産混同のおそれがあり、避けなければならない。本人の取扱支店のみでしか取引が認められない金融機関の預貯金を管理する場合において、日常の後見等の事務をするうえで不便なことが多いと想定されるときは（支出の頻度が多い場合など）、後見人等の資格でのキャッシュカードの発行・利用を認めている金融機関に預け替えることも検討する必要があろう。ただし、預け替える場合も本人名義の預貯金口座で管理すべきである。

また、金融機関が破綻した際に、元本1,000万円までとその利息しか保証されないペイオフ制度との関係から、多額の預貯金がある場合には、ある程度分散して預け入れしておくべきであるといえる[18]。ただし、ペイオフ対策を講じなくとも、金融機関の破綻等は通常予測し得ないことであるから、後見人等の善管注意義務違反ということにはならないのが原則であると考えられる[19]。

本人の現金等を他人に贈与することは、後見の目的からみて不要なことであるので、原則として認められない。冠婚葬祭における祝儀や香典等の社会的儀礼上の支出も贈与ではあるが、本人の推定的意思の適う場合も多いので、本人と相手方との従前の関係や財産状況などの事情を考慮したうえで、社会常識的な範囲であれば認められる[20]。

本人も配偶者や直系血族・兄弟姉妹との関係で扶養義務を負って

---

17) 新井誠「高齢社会の成年後見法（改訂版）」（有斐閣、1999年）164頁・168頁。
18) 新井誠・赤沼康弘・大貫正男編著「成年後見法制の展望」（日本評論社、2011年）336-337頁。
19) 新井ほか114頁。
20) 同上113頁。

いるので（民752条・877条)、本人の財産の範囲で扶養のための支出をすることはできる[21)]。後見等が開始した本人から、他方の配偶者や子の扶養のための支出をすることもあるだろう。

なお、本人への見舞いや面会については、親族の情愛において行うべきものであるから、その日当や交通費などを支払う必要はない[22)]。

㋑証券

本人が株式や投資信託などの証券を保有している場合において、預貯金だけでは本人の身上保護には足りないようなときは、必要に応じて売却・解約など換価処分をすることは問題ないであろう。たとえ、価格が下落していたとしても、それが市場並みの下落幅にとどまる限り、後見人等の注意義務違反とはならないというべきである[23)]。後見人等は、株式投資信託などの証券について運用能力を持たないのが通常だからである。実務上は、証券の換価処分をする際には、事前に家庭裁判所と協議すべきである。

後見人等が、その権限において、利殖（利息によって財産を増やすこと）を目的として証券取引を行うことや、元本割れの危険性の伴う金融商品を購入することは、成年後見制度の趣旨からみて不相当であるので、行ってはならない[24)]。成年後見制度の趣旨に本人の財産を増加させることは含まれていないからである。

㋒不動産

本人が不動産を所有している場合には、その不動産を管理しなければならない。空き地については、定期的に除草・剪定等をして、草や樹木の枝が隣接地や隣接道路などに飛び出さないようにしなければならない。この作業は業者やシルバー人材センターに依頼することになろう。空き家については、屋根や外壁などが外れそうになっていれば、修繕しなければならない。特に隣家に危害が及ばな

21) 同上114頁。
22) 同上。
23) 前掲新井・赤沼・大貫編337頁。
24) 新井ほか114頁。

いように十分に配慮しなければならない。倒壊のおそれがあれば、速やかに改修工事をするか解体して、倒壊することを回避しなければならない。この作業は業者に依頼することになる。外部の者が侵入できないように施錠を怠らないようにし、鍵が壊れているときはその鍵を修理するか別の鍵で施錠しておくことになろう。生ゴミなど臭いの原因となるものは速やかに処分しておくことも必要である。

不動産の売却については、その必要性を十分に検討する必要がある。不動産は本人にとって重要な財産だからである。本人の身上保護における費用を捻出する場合には（例えば、施設入所をする予定だが、本人の預貯金が少なく、収支も大きくプラスではなく費用の捻出が困難な場合）、所有する不動産を売却する必要性が認められると考えられる。たとえ、本人の収支がプラスで預貯金が増えていく状況だったとしても、その不動産の管理が困難な事情がある場合には（例えば、草や樹木が多くて何度も業者等に依頼しなければならない場合、多額の費用がかかる場合、その不動産の所在が後見人等の住所や事務所から遠方である場合など）、その不動産を売却する必要性が認められることがある。空き地・空き家を適切に管理するには、定期的に巡回して異常の有無等を確認する必要があるが、後見人等が自ら行うには負担が大きい。業者に依頼することもできるが費用がかかる。このように、本人に十分な預貯金等の資産があったとしても、その不動産の管理が困難な事情がある場合にはその不動産を売却する必要が認められることがある。この点について、家庭裁判所は、従来のような厳格な対応はしておらず、現在では、複合的な視点から不動産の処分の必要性を判断しているといえる。

なお、後見人等が本人に代わって居住用不動産を処分するには、家庭裁判所の許可を得なければならない（民876条の10第1項・876条の5第2項・859条の3）。これに対し、居住用ではない不動産を処分するには、家庭裁判所の許可は不要であるが、事前に家庭裁判所と協議しておくべきである。

㋓遺産分割協議

このほか、本人の家族が亡くなって相続が発生して本人が相続人となった場合には、成年後見人が本人に代わって相続手続をすることになる。遺産分割協議（民907条1項）が必要なケースでは成年後見人がその協議に参加することになる。この場合には、原則として、本人の法定相続分（民900条-904条の3）が確保されるように協議をすることになる。法定相続分の確保が難しいケースなどでは事前に家庭裁判所と対応を協議しておくとよい。

㋔自己破産

また、本人が多額の負債を抱えていて返済の目途が立たない場合には、成年後見人が本人に代わって裁判所に自己破産の申立てをすることになる（破15条）。成年後見人自身では申立てが難しい場合には、弁護士や司法書士といった専門家に手続を依頼することになる。

(2) 補助人・保佐人の場合

補助人・保佐人については、財産管理に関する代理権が付与されている場合において、上述したことが当てはまる。

なお、財産目録の提出に関する規定は、補助人と保佐人には準用されていないが、補助人と保佐人も家庭裁判所の監督に服することになるため、その一環として財産目録の提出が求められることになる（民876条の10第1項・876条の5第2項・863条1項）。実務においても、成年後見人の場合と同様に、家庭裁判所から、財産目録の様式とともに提出期限を記載した書面が送付される。

補助人と保佐人の権限は、成年後見人のように、財産目録の作成・提出するまでは、急迫の必要がある行為のみに限定されていない（民876条の10第1項・876条の5第2項は、民854条を準用していない）。補助人と保佐人は、付与された代理権の範囲でのみ財産管理に関する権限が与えられるにすぎないからである。しかしながら、補助人と保佐人に財産管理に関する代理権が付与された場合には、適切な財産管理とそれに対する適切な監督を図る必要があることは、成年後見人の場合と変わりがない（民876条の10第1項・876条の5第2項・863条1項）。上述のとおり、補助人・保佐人についても、実務では、家庭裁判所から、財産目録の作成と提出が求められている。このことから、補助人と保佐人においても、財産目録の作成・提出をするまでは、急迫の必要がある行為のみをする権限を有するものと考えられる。

補助人・保佐人には、収支予定表の作成は義務付けられていないが、実務では、補助人と保佐人に対しても、家庭裁判所から、財産目録の書式と併せて収支予定表の書式が送付され、作成した収支予定表の提出が求められている。補助人と保佐人も、財産管理に関する代理権が付与された場合には、その範囲で財産管理をすることになるため、適切な財産管理をしているか監督しなければならないからである（民876条の10第1項・876条の5第2項・863条1項）。

郵便物等の管理に関する規定（民860条の2・860条の3）が適用されるのは成年後見人のみであり、補助人と保佐人には認められていない。補助と保佐では、本人による郵便物の管理が期待でき、また、補助人と保佐人は家庭裁判所により認められた代理権の範囲でのみ財産管理をすることができるにすぎないからである[25]。

2. 身上保護に関する事務

成年後見制度の利用の促進に関する法律により、「身上の保護」の文言が使用されていることから（同法3条1項）、従来から使用されていた「身上監護」という文言を「身上保護」に置き換えることとする[26]。

---

25) 新基本法親族320頁。
26) 新井誠「成年後見制度の生成と展開」（有斐閣、2021年）164頁-165頁。

(1) 成年後見人の場合

①内容

(ア) 身上保護に関する法律行為と事実行為

㋐法律行為

成年後見人は、本人の財産管理だけでなく、本人の生活や療養看護（これを「身上保護」という）に関する事務をも行う（民858条）。成年後見人の財産管理は、身上保護に関する事務を通じて、本人の生活の質を充実させるためになされるものである[27)] [28)]。

身上保護に関する事務とは、介護サービス契約締結、介護施設入所契約締結、入院手続等の医療契約締結、日用品等の購入手続などである。成年後見人が行うのは、契約等の法律行為とそれに付随する事実行為に限られる。例えば、介護施設に入所する際には、ます、成年後見人がその施設を見学し、入所の申し込みをして、本人がその施設への入所に同意した場合には入所契約をすることになる。また、日用品等の購入については、日用品等の物品を準備する等の事実行為は成年後見人の事務として行うものではないが、これらを行う有償サービスを手配することは成年後見人の事務に含まれる[29)]。

㋑事実行為

これに対して、契約等の法律行為に付随しない事実行為については、成年後見人が行うべき事務に含まれない。成年後見制度は、判断能力が低下して適切に法律行為をすることができない本人に代わって、成年後見人が適切に法律行為をすることにより、本人の権利を擁護するものだからである。最高裁も、後見人等はその事務を行うにあたって「本人の心身の状態及び生活の状況に配慮しなけれ

27) (公社) 成年後見センター・リーガルサポート編「成年後見教室—実務実践編（3訂版）」（日本加除出版、2013年）43頁。

28) 新井誠「高齢社会の成年後見法（改訂版）」（有斐閣、1999年）164頁-168頁。

29) 後掲「身寄りがない人の入院及び医療に係る意思決定が困難な人への支援に関するガイドライン」参照。

ばならない（身上配慮義務）」（民876条の10第1項・876条の5第1項・858条）とされているのは、法律行為を行う際に本人の身上について配慮すべきことを求めるものであって、事実行為として本人の現実の介護を行うことや本人の行動を監督する必要はないとしている[30]。具体的には、本人に介護が必要な場合には、成年後見人が訪問介護の事業所と訪問介護の利用契約を締結して、実際の介護は訪問介護員（ホームヘルパー）が行うことになる（例えば、買物代行・自宅内の掃除・通院時の付き添いなどである。医療機関等への移動は介護タクシー等を利用することになろう[31]）。

この点については、事実行為としての介護等は福祉政策の問題であり、このような福祉に対する国家の責任が果たされなければならないとの指摘がある[32]。成年後見制度をより充実したものとするためには、介護保険制度その他の福祉政策との連携を強化することが重要である。特に、弁護士や司法書士などの法律専門家が後見人等である場合には、福祉の専門家ではないことから、ケアマネージャーなどの福祉の専門家と連携して本人を支援することが不可欠である。成年後見人における身上保護には、身上保護の視点に立った関係機関相互への「つなぎ役」としての機能と総合調整機能が期待される[33]。このことは、成年後見制度と社会福祉制度（医療・介護等）との制度間の連携が必要であることを意味する。成年後見制度と他の制度との制度間の連携を進めるものとして、日常生活自立支援事業（**第3章2（3）⑥（イ）**参照）、地域包括支援センター（**第3章2（3）⑤（イ）**参照）が重要な役割を果たしている。成年後見制度における市町村長申立ての制度（**第2章2（1）⑤**参照）もここに位置づけられる。制度間の連携は、各制度に関係する人と人との連携を

---

30) 最判平成28（2016）年3月1日民集70巻3号681頁。

31) 後見人等による本人の医療機関等への送迎はできないわけではないが、トラブルが発生した場合の責任の所在やその履行の方法等の問題が生ずることになるので、後見人等による本人の送迎は望ましくないといえるだろう。

32) 内田貴「民法Ｉ（第4版）総則・物権総論」（東京大学出版会、2008年）119頁。

33) 新井誠・赤沼康弘・大貫正男編著「成年後見法制の展望」（日本評論社、2011年）266頁。

必要とするものである[34)]。

㋒就任通知の送付

成年後見人に就任したら、親族（主に推定相続人）に対してその事実を書面等により通知することになる（就任通知）。これにより、親族と連絡を取れるようになることが期待でき、親族による協力を得られることや、親族とのトラブルを防ぐことに繋がることがある。

㋓身上保護に関する契約の内容・提供の確認

成年後見人は、本人の身上保護に関する事務を行う（民858条）。その事務としては、介護サービス利用契約や介護施設入所契約の締結・医療契約の締結などの手続をすることだけでなく、提供されるサービスが契約で取り決めた内容どおりに提供されているか確認することも含まれる。そのため、成年後見人は、ケアマネージャーからケアプランの内容を確認することが必要になる。ケアプランは最終的に本人と成年後見人の承認が必要になるが[35)]、実務では、本人と成年後見人へのケアプランの説明がされ、成年後見人がケアプランに署名し、その控えを成年後見人が保管することがある（本人が署名してもよいが、成年後見人が控えを保管するように努めるべきであろう）。また、定期的に本人自宅や施設を訪れて実際にどのようにサービスが提供されているか確認することが必要である。介護サービス事業所や介護施設の職員に聞き取りをしたり、本人と面会して聞き取りをしたりして確認する。もし、契約の内容どおりにサービスが提供されていなければ、介護サービス事業所・介護施設側に改善を求めることが必要となる。

㋔送付先の変更

本人の国民健康保険・後期高齢者医療保険の保険証、介護保険証、各種還付金・各種税金納付・年金に関する書類などを確実に受け取れるようにするために、これらの送付先を成年後見人の住所に変更する手続をすることになる。これらの手続は役場の担当課ごと

34) 同上 271 頁。

35) （公社）成年後見センター・リーガルサポート編「成年後見教室—実務実践編（3 訂版）」（日本加除出版、2013 年）46 頁。

に手続をしなければならないことが多いが、なかには一つの担当課に手続をすることで足りる役場もある。年金関係の送付先変更の手続は管轄の年金事務所にて行うことになる。必要に応じて公的年金の振込先口座を変更しておくとよいであろう。

㋕介護保険の認定・更新手続

本人が介護保険の要支援・要介護の区分認定を受ける場合、認定期間の更新手続をする場合、区分変更申請をする場合には、成年後見人が各種手続をすることになるが、実務では、ケアマネージャーが代行して手続をすることが多いので、事前にケアマネージャーに相談しておくとよい。

㋖障害福祉サービス受給・更新申請

本人が障害者手帳を所持していれば、成年後見人が更新期間において障害者手帳の更新手続をすることになる。また、本人が障害福祉サービスを利用する必要がある場合には、成年後見人がその支給申請をすることになる。

㋗住所異動届・転居届

本人が介護施設に入所した場合など、本人の住所に変更が生じたときには、成年後見人が役場にて住所異動届出をすることになる。それから、本人宛の郵便物が届かなくなることを防ぐために郵便局にて転居届を出しておく。本人が医療機関に入院した場合など、本人の居所に変更が生じたときは、郵便局にて転居届を出しておく。転居届の有効期間は１年間なので、必要に応じて再度転居届を出すことになる。

（イ）住居の確保

成年後見人は、本人の身体状況からみて適切な住居を確保する必要がある。ただ、それは、本人の資産の範囲内でということになる。自宅で一人暮らしのために清掃や介護等が十分に行き届かない場合などには、施設の利用も含めて検討しなければならない。しかし、成年後見人には、本人の住居を指定する権限はない。本人の意思に反してまで住居を指定することは、自己決定権への侵害が大きすぎるからである。したがって、本人を施設に入所させるには、本人の同意が必要となる。成年後見人は身上保護に関する事務を行う必要がある以上、適切な住居を確保する義務と権限を有するが、居住すること自体は本人の意思に従わなければならないので、成年後見人としては説得するにとどまることになる[36)]。

(ウ) 見守り活動

成年後見人は、本人の身上に配慮して、身上保護の事務を遂行しなければならない（民858条）。そのためには、本人の心身の状態や生活の状況を把握する見守り活動が不可欠である。しかし、親族でない第三者後見人が見守り活動を単独で行うのは容易ではない。そこで、親族や本人の福祉サービスに携わるケアマネージャー・ヘルパー・民生委員・デイサービスや介護施設の職員などと連携し、本人の心身の状態や生活の状況に変動が生じた場合には、直ちに成年後見人に連絡がなされるような関係を築くことにより、その限界を克服することが可能となる。連携による多面的な見守り活動といえる[37)]。身上保護における見守り活動は、本人の権利擁護の実効性を確保するうえで必要なものである[38)]。

②医療に関する事務の問題点

(ア) 医療機関による説明

後掲「身寄りがない人の入院及び医療に係る意思決定が困難な人への支援に関するガイドライン」によると、本人の権利擁護の観点から、成年後見人は本人に提供される医療の内容が適切かどうか確認するために医療機関に対して説明を求めることができると考えられるため、医療機関は成年後見人から求めがあった場合には適切に説明を行うことが求められるとしている。多くの医療機関は、本人に提供している医療の内容について、患者の個人情報であることを理由に、成年後見人から求められても説明を拒否しているようである。成年後見人は、医療機関に対して説明を求める際には、このガイドラインについて説明し、本人に提供されている医療の内容について説明を求めることが必要である。

---

36) 以上につき、新井ほか118頁参照。
37) 以上につき、新井ほか118-119頁参照。
38) 新井誠・赤沼康弘・大貫正男編著「成年後見法制の展望」（日本評論社、2011年）267頁。

(イ) 身元保証・身元引受

本人を支援することができる親族がいない場合などには、介護サービスや介護施設を利用したり医療機関に入院したりする際に、成年後見人が緊急連絡先になることがある。さらに、介護施設や医療機関から身元保証人・身元引受人になることを求められることがあるが、成年後見人は身元保証人・身元引受人になる必要はない[39]。成年後見人は、本人の有する財産の範囲内で財産管理をし、身上保護に関する事務を行うものだからである。また、成年後見人が本人の債務の保証人となり、これを弁済した場合、成年後見人が本人に対して求償権を有することになるため、支払いを請求する者とその支払いをする者とが同一となり、利益相反となるからである[40]。そのため、仮に本人が施設やその職員・利用者に損害を与えたとしても、本人の財産の範囲内で本人に代わってその権限の範囲内で必要に応じて賠償すべきであり、成年後見人が自らの財産をもって賠償する必要はない[41]。そこで、施設の入所契約書等に署名する場合には、「成年後見人　○○○○」など成年後見人として署名することを明らかにしておくとよい。

(ウ) 医療同意

㋐医療同意の性質

本人が入院していて手術などの医療行為をする必要がある場合に、医療機関から医療同意を求められることがあるが、成年後見人には、法律行為としての医療契約を締結する権限はあるが（民 859 条 1 項)、医療行為について同意をする権限はないとされている。医療行為は本人の身体や生命に直接関わるものだから、どのような医療行為を受けるかは本人が決めるべきだからである（憲 13 条）[42]。どのような医療行為を受けるかということに関する意思決定をする

---

39) 後掲「身寄りがない人の入院及び医療に係る意思決定が困難な人への支援に関するガイドライン」によると、成年後見人が本人の保証人等になることは、一般的に適切でないとしている。

40) 後掲「身寄りがない人の入院及び医療に係る意思決定が困難な人への支援に関するガイドライン」参照。

41) (公社) 成年後見センター・リーガルサポート編「成年後見教室―実務実践編（3 訂版)」(日本加除出版、2013 年) 56 頁。

42) 芦部信喜著・高橋和之補訂「憲法（第 8 版)」(岩波書店、2023 年) 133-134 頁。

権利は、人格権の一内容として尊重されなければならない[43)]。ただ、実際には、本人が適切に判断できる状態でなくて、ほかに同意できる親族がいないため、医療機関において成年後見人に医療同意を求めるケースは少なくない（なお、親族が本人の医療行為について同意できるとする法的根拠は明確ではない[44)]）。しかし、成年後見人には同意する権限がないからといって同意しないと、本人に対して医療行為をすることができないので、本人が治療を受けることができないという不都合が生じてしまう。

㋑成年後見人による医療同意の問題点

成年後見人は本人の療養看護に関する事務を行う地位にあるから（民858条）、必要に応じて本人に医療を受けさせることは不可欠である。そのため、予防接種や簡易な血液検査など危険性の少ない医療行為については、本人が意思を表明することができないときに限り、成年後見人が同意をすることができるとする見解がある[45)] [46)]。また、本人が診療・治療・手術を受けるような場合には、本人の意思を尊重しながら、どのような治療・手術を受けるかにつき、成年後見人が判断するほかないとする見解[47)]や、成年後見人には、本人の療養看護に関する事務を行う義務があるとして、手術などについての意思決定をすることができるとする見解もある[48)]。医療同意について成年後見人の権限を明確することが本人の利益になるので、法改正による対応が望まれるところである。立法論としては、ドイツ民法のように通常の治療と重大な治療行為に分け、後者については裁判所の許可を得て行うという方法が考えられる[49)]。

43) 最判平成12（2000）年2月29日民集54巻2号582頁。
44) 新井ほか116頁。
45) 同上。
46) なお、インフルエンザ予防接種の際には、成年後見人の同意が求められることがある（予防接種法9条2項参照）。
47) 川井健「民法概論1（民法総則）（第4版）」（有斐閣、2008年）35頁。
48) 四宮和夫・能見善久「民法総則（第9版）」（弘文堂、2018年）75頁。
49) 同上75-76頁。

㋒現行法上における対応の在り方

とても悩ましいケースであるが、現行法上は成年後見人には医療同意権がないため、実務上の取り扱いとしては、緊急性がある場合には、緊急避難（刑37条１項）や緊急事務管理（民698条）などにより成年後見人が医療同意をすることができるとされている。緊急性がない場合において、本人の同意が推定できるときには、成年後見人はその事務を遂行するについて本人の意思を尊重しなければならないことから（民858条）、成年後見人がその推定に基づいて医療同意をすることができると考えられる。本人の意思推定の有無は、本人から直接医療行為について意見を聞いている場合には、その意見により判断し、本人から直接意見を聞いていない場合には、ケアマネージャー、ホームヘルパー、訪問看護、親族などの関係者が本人から聞いた意見や、これらの関係者から本人のこれまでの治療の経歴などの情報を聴取し、各関係者と協議をしたうえで判断することとなろう。本人の意思を推定することができないときは、本人の療養看護に関する事務（民858条）の一環として医療同意をすることができると考えるよりほかないのではないか。成年後見人に本人の療養看護の事務をする義務があるといえるかどうかはともかく、この事務をすることができるのであるから、各関係者と協議したうえで、本人の利益となる意思決定をすることができると考えることはできるのではないか。なお、対応可能な親族がいる場合は、その親族に対応を任せるべきであり、成年後見人による同意は避けた方がよいであろう。親族とのトラブルを防ぐためである。

㊁厚生労働省のガイドラインによる対処方法

なお、令和元（2019）年に厚生労働省の研究班が策定した「身寄りがない人の入院及び医療に係る意思決定が困難な人への支援に関するガイドライン」によると、本人に提供される医療に係る決定・同意を行うことは成年後見人の業務に含まれているとはいえないとされている。そして、家族等がいなくて本人の意思を推定できない場合には、本人にとって最善の方針をとることを基本とし、医療に関する意思決定においては、医療機関の医療職だけでなく、成年後見人やケアマネージャー、ホームヘルパーなど本人に係る人が、繰り返し最善の方法に関して話し合いを行うことが必要となるとしている。また、医療機関としての留意点として、①現行制度では、成年後見人の役割としていわゆる医療同意権までは含まれていないことに十分留意し、成年後見人に同意書へのサインを強要することがないように注意すること、②医療機関が成年後見人に対して説明を行った旨を、医療機関と成年後見人との間で事実確認として残したい場合には、例えば、「成年後見人として担当医の説明を受けました」などの記載とすることで対応するという方法もあること、とされている。実際に、医療機関側から同意書へのサインを求められたときは、このガイドラインに従い、成年後見人として医療同意はできないことと、担当医から説明を受けた旨を書面に記載することはできることを、医療機関側に説明して対応するという方法が考えられるが、これを実効的なものとするには、このガイドラインの内容を医療機関に周知することが不可欠であろう。

(エ) 延命措置について

介護施設に入所すると、本人の意識レベルが低下したときに延命措置をするかしないかの確認を求められることがあるが、これについても医療行為についての同意と同様に成年後見人に決定する権限はない。延命措置については、成年後見人の事務である身上保護に関する事柄ではなく、成年後見人には延命措置の決定について求められてもこれに応じる義務もなく、これに介入することはできないからである[50)]。しかしながら、本人や親族に延命措置の意思決定について確認することができないような場合、延命措置に関する事項について事前に決められていないと、施設側が救急搬送をしたときに、医療機関において治療をすることができないので、成年後見人が延命措置について判断しなければならないのが実情である。医療同意と同様に立法的解決が望まれるが、現状では、成年後見人としては、本人の意思が確認できるうちに本人の意思を確認しておくように努めるべきであろう。成年後見人に就任したとき

50) 新井ほか 118 頁。

に、すでに本人の意思を確認することができない状態にあるときは、親族の意見を確認しておくとよいであろう。しかし、本人と親族との関係性などから、親族の意見を確認できないことも少なくないであろう。そのようなときは、ケアマネージャーなどの関係者と協議し、延命措置についての医師の説明を聞いたうえで、本人にとって最善と考えられる選択をすることもやむを得ないと思われる。本人にとって何が最善なのかは、延命措置をすることで被る苦痛と延命措置をしなかったに死期が早まることを十分に考慮することが必要である。この点については、医師から十分な説明を受けるべきである。

(オ) 医療保護入院の同意

このほか、本人に精神保健福祉法に基づく医療保護入院をさせるために、成年後見人は同意することができる（精神33条1項2項）。医療保護入院とは、精神障害者を保護するため入院が必要だけど本人の同意が得られない場合に、家族等一定の者の同意があれば本人の同意なしに入院させることをいう。医療保護入院は、本人の意思に反しても入院させる制度であるから、慎重に判断しなければならない。

(2) 補助人・保佐人の場合

補助人・保佐人については、身上保護に関する代理権が付与されている場合において、上述したことが当てはまる。なお、保佐人については、医療保護入院において同意することができるとされているが（精神33条1項2項）、補助人は同意することができる者に含まれていない。補助類型の場合、本人はある程度の判断能力を有するからである。

(3) 介護保険制度の概要

後見人等は、本人の身上保護に関する事務を行うものであるが（民876条の10第1項・876条の5第1項・858条）、その身上保護の事務の大半は介護保険制度が担っている。このことから、後見人等がその事務をするにあたっては、介護保険制度と密接な関係があるといえる。そこで、成年後見人としては、介護保険制度の概要を理解するように努める必要があろう[51]。

①介護保険制度の仕組み

介護保険制度は、市町村及び特別区が保険者として被保険者が負担する保険料で運営されている（介保3条）。被保険者は、① 65歳以上の者（1号被保険者）と、② 40歳以上65歳未満で、医療保険に加入している者（2号被保険者）に区分されている（介保9条）。

②介護保険サービスの利用方法

(ア) 要介護認定の必要性・方法

被保険者が介護保険サービスを利用するには、「支援や介護が必要である（要支援・要介護）」という要介護認定が必要である。ただし、2号被保険者が介護保険サービスを利用するには、要支援・要介護の状態の原因が特定疾患（末期がん・関節リウマチなど16種類）によって生じた場合に限られる（介保27条4項・32条3項）。

この認定は、①市町村の窓口に要介護認定の申請、②市町村職員（認定調査員）による認定調査、③主治医による意見書、④コンピュータによる一次判定、⑤介護認定審査会による二次判定により判定される（介保27条）。

(イ) 要介護認定の申請

①の要介護認定の申請については、本人が役場の窓口に申請書を持参するか郵送で提出して行うのが原則であるが、本人以外の者により代行申請をすることもできる（介保27条1項）。実務では、ケアマネージャーが代行申請をすることが多いようである。後見人等も代行申請をすることができるが、社会福祉の専門家でない限り、ケアマネージャー等社会福祉の専門家に代行申請を依頼した方がよいであろう。

---

51) 介護保険制度の概要については、（公社）成年後見センター・リーガルサポート編「成年後見教室―実務実践編（3訂版）」（日本加除出版、2013年）185-196頁、菊池馨実「社会保障法（第3版）」（有斐閣、2022年）494-538頁、東田勉「完全図解　世界一役に立つ　介護保険の本」（2018年、講談社）参照。

(ウ) 認定結果の通知

申請から30日以内に（30日を過ぎることもある)、郵送で認定結果の通知書が届く（介保27条11項)。要介護認定には「要支援１・2」と「要介護1〜5」の全７区分に分けられている。要支援の認定を受けた場合は「予防給付サービス」を、要介護の認定を受けた場合は「介護給付サービス」を受けられるようになる（介保18条)。予防給付サービス・介護給付サービスの内容は、ともに介護サービスという点では同じであるが、予防給付サービスは、「状態が悪化して要介護にならないために受ける」という目的のためのサービスである点が異なる。そのため、予防給付サービスでは、利用回数や種類・介護保険施設の入所・福祉用具の利用について制限がある。

(エ) ケアプランの作成

予防給付サービス・介護給付サービスを受けるためには、介護サービス計画（ケアプラン）を作成しなければならない。ケアプランは自分で作成することもできるが、実務では、ケアマネージャーに作成を依頼することになる。ケアマネージャーによるケアプランの作成費用は、介護保険から全額が支払われ、利用者の負担はない。このケアプランに従って、予防給付サービス・介護給付サービスを受けることができる。

(オ) 利用料の負担

介護保険サービスの利用には、要介護の区分ごとに支給限度基準額が設定されており、その範囲内でのサービスは全額保険給付の対象となる。この場合においては、原則としてサービス利用額の利用者負担額（所得に応じて１割から３割まで）を支払い、残額は保険から事業者に支払われる（介保43条・55条)。支給限度基準額を超えてサービスを利用すると、限度額を超える部分については、全額自己負担となる。

(カ) 要介護認定の更新・区分変更の申請

要介護認定には有効期間が定められており、引き続き要介護認定を受けるためには、更新申請をしなければならない（介28条・33条)。また、介護の必要の程度が変化（重度化）した場合には、要介護状態区分・要支援状態区分の変更申請をすることができる（介保29条・33条の2)。

③介護保険で利用できるサービス

(ア) 居宅サービス

住み慣れた地域で社会的な支援を受けながら暮らし続ける場合には、居宅サービスを選択することになる。予防給付と介護給付がある（介保41条4項・53条2項）。両方とも、訪問サービス（訪問介護（ホームヘルプ）、訪問入浴介護、訪問看護、訪問リハビリテーション、居宅療養管理指導）、通所サービス（通所介護（デイサービス）、通所リハビリテーション（デイケア））、短期入所サービス（ショートステイ）（短期入所生活介護、短期入所療養介護）、その他（特定施設入居者生活介護（有料老人ホーム、養護老人ホーム、サービス付き高齢者向け住宅（サ高住））、福祉用具貸与、特定福祉用具販売）に分かれている（介保8条1項）。このほか、住宅改修費の支給がある（介保45条・57条）。

(イ) 地域密着型サービス

認知症や中重度の要介護状態の高齢者が、在宅での生活が困難になったときに、住み慣れた地域を離れずに暮らしていけるようにするサービスである。このサービスは、①市町村が事業者を指定すること（ほかのサービスは都道府県）、②その市町村に住んでいる人しか利用できないことが、ほかのサービスと大きく異なる点である。地域密着型サービスには、小規模多機能型居宅介護、認知症対応型通所介護、認知症対応型共同生活介護（グループホーム）などがある（介保8条14項）。小規模多機能型居宅介護と認知症対応型通所介護（デイサービス）は要支援1から、認知症対応型共同生活介護（グループホーム）は要支援2から利用することができる。

(ウ) 施設サービス

居宅サービスや地域密着型サービスでは対応が困難になったときに利用することになるサービスである。そのため、施設サービスは、介護給付のみとされている。施設サービスには、介護老人福祉施設（特別養護老人ホーム：特養）、介護老人保健施設（老健）がある（介保8条25項。なお、介護医療院についての説明は割愛する）。介護老人福祉施設（特養）は、要介護3以上ある場合に入所することができる「終の棲家」となる施設である。介護老人保健施設（老健）は、要介護1以上で在宅での医学的な管理ができない場合に入所し、在宅復帰を目指す施設である。そのため、老健の入所期間は３か月となっているが、実際には、３か月以上にわたって老健に滞在しているケースが少なくなく、在宅復帰率は十分高いとはいえないのが実情である。

施設サービスを利用するには、ケアマネージャーに相談して施設を選択する方法と、直接施設に申し込む方法がある。

施設サービスの利用者は、要介護度に応じて事業者の介護報酬の自己負担割合を負担し、そのほかに食費・光熱費などの居住費、日用品購入費、理美容代などを自己負担で支払うことになる（介保48条）。なお、低所得者に対して所得に応じた負担の軽減措置があるため、市町村の担当窓口に相談するとよい。

④高齢者の住まい

上述のように、介護保険による施設サービスは、介護老人福祉施設（特養）と介護老人保健施設（老健）のみである（ほかに介護医療院があるが、ここでは割愛する）。特養は要介護３以上でないと入所できず、また、老健は在宅復帰を目指す施設であるから、長期間の入所はできないことから、介護保険の施設に入所するのはハードルが高いと言わざるを得ない。そこで、在宅での生活が困難な高齢者の住まいとして、有料老人ホーム・サービス付き高齢者向け住宅（サ高住）・認知症対応型共同生活介護（グループホーム）が多く利用されている。

有料老人ホームは、対象者の範囲が広く利用しやすいが、サービスの質や利用料の額は、運営する事業者により大きく異なる。利用するにあたっては、十分に検討する必要があろう。

サ高住は、高齢になって自宅に住み続けられなくなったら移り住む場所として国が勧める民間の集合住宅のことである。高齢者の居住の安定確保に関する法律に基づいて登録されている。自分でできることは自分で行うことが前提となっているので、認知症が進行すると事実上退去しなければならなくなる。

グループホームは、認知症の高齢者が少人数で共同生活をする場所である。要支援２以上から利用することができる。利用者はできることを自分で行い、家事は職員と利用者が共同で行うのが特徴であるが、事業所によってレベルの差があるのが実情である。グループホームには、医師や看護師がいないので、職員の付き添いがなければ通院できない利用者が出てくるという特徴もある。認知症が進行すると事実上退去しなければならなくなる。

実務では、施設入所の必要性が生じた者について、まず、サ高住やグループホームに入所し、認知症の進行などによってそこでの生活が困難になったときに、特養や有料老人ホームに転所することが多いようである。

そのほか、低所得者向けの住まいとして、軽費老人ホームや養護老人ホームなどがある。

軽費老人ホームは、老人福祉法に基づいて設置された利用料が定額の賃貸住宅である。食事と介護サービスが付いている。

養護老人ホームは、老人福祉法に基づく入居施設で、介護保険法によらず、市町村による措置（行政が利用できるサービスの内容を決定すること）で入居者が決まるという特徴がある。対象者は、身体・精神・環境上の理由に加え、経済的な理由で在宅生活ができない65歳以上の人である。入居にあたっては、市町村による審査がある。

このように、高齢者の住まいとしては、多種多様なものがある。そこで、本人の住まいを決めるにあたっては、本人の意思を尊重したうえで、福祉の専門家や行政と協議しながら、決めていくことが必要である。

⑤社会福祉の関係者・関係機関

介護保険制度を利用するうえで、さまざまな社会福祉の専門家や機関と連携することが不可欠である。そこで、社会福祉の関係者の概要を述べることとする。

(ア) 介護支援専門員（ケアマネージャー）

介護保険サービスの利用は、ケアプランに基づいて提供される。このケアプランを作成するのが介護支援専門員である（介保7条5項・69条の2以下)。通常「ケアマネージャー（ケアマネ）と呼ばれている。ケアプランは自分で作成することもできるが、実務では、ケアマネージャーに作成を依頼することになる。

ケアマネージャーは、必ず法人に所属しなければならない。ケアマネージャーの事務所は、居宅介護支援事業所と呼ばれている。介護保険施設や地域包括支援センターに所属するケアマネージャーもいる。

(イ) 地域包括支援センター

市町村や市町村から委託を受けた事業所（社会福祉法人、医療法人など）は、地域包括支援センターを設置することができる（介保115条の46第2項3項）。地域包括支援センターは、行政や介護保険関係事業所（ケアマネージャーやホームヘルプの事業所）などと連携しながら、地域の高齢者が要介護・要支援になることを予防し、地域で自立した生活を送ることを支援する中核的な機関である（介保115条の46第1項）。保健師（または地域ケアの経験のある看護師）、社会福祉士、主任ケアマネージャーが常勤し、相談支援を行っている。地域包括支援センターからの成年後見制度に関する相談は少なくない。

(ウ) 社会福祉士・精神保健福祉士・ソーシャルワーカー

介護施設・病院・地域包括支援センターなどに所属して、身体的・精神的な障害や環境上の理由から日常生活を営むことに支障がある人の相談に応じ、助言・指導を行っているのが社会福祉士である（社福士2条1項）。そのような人を福祉や医療のサービスに結び付け、調整・援助も行っている（社福士2条1項）。

精神障害者に対する相談支援などの業務に携わるのが精神保健福祉士である（精保士2条）。精神科病院や保健所などに所属している。本人が精神科病院に入院する場合などに、後見人等として精神保健福祉士と関わることがある。

社会福祉に関する知識や援助技術を用いて、社会的に困っている人の相談に乗り、援助を行うのがソーシャルワーカーである。ソーシャルワーカーという名称は、現在では、社会福祉士と精神保健福祉士に限定している使用されるのが一般的である。

(エ) 介護福祉士・ホームヘルパー

介護の現場で実際に介護を行っているのが介護福祉士である（社福士2条2項）。介護福祉士には、心身の状況に応じた介護などを行うことが求められている。介護福祉士は、入所施設やデイサービスで利用者の介護を行うだけでなく、ホームヘルパーとして、在宅の利用者の介護も行っている。また、利用者の家族への指導やアドバイスを行うことや、介護現場での責任者としての役割を担うこともある（社福士2条2項）。

介護を必要とする高齢者の自宅に訪問して、身体介護や生活援助を行うのがホームヘルパー（訪問介護員）である。ホームヘルパーには、「介護職員初任者研修」と「実務者研修」がある。ホームヘルパーは、身体介護や生活援助を通じて、介護をしている家族の負担を減らすことも求められている。ただ、ホームヘルパーは、その研修内容や期間などからして、介護福祉士に匹敵する専門職とはいえないとされる。

(オ) 訪問看護師

在宅で療養する利用者を対象として働く看護師が訪問看護師である（介保8条4項）。訪問看護を利用するのは、病院で高度な先進医療を受ける必要のない安定した病状の人や、通院できない寝たきりの人である（介保8条4項）。訪問看護師は、通常は、訪問看護ステーションに所属し、主治医の指示に基づいて、診療の補助やケアプランに組まれた訪問看護を行う。

(カ) 社会福祉協議会

社会福祉協議会は、地域福祉を目的とする民間団体である。実務では、「社協」と呼ばれている。中央組織として全国社会福祉協議会があり、すべての都道府県と市町村に社会福祉協議会がある（社福109条-111条）。民間団体ではあるが、社会福祉法に定められた公的事業を行っている。

(キ) 民生委員

常に住民の立場に立って相談に応じ、必要な援助を行うのが民生委員である（民委1条）。市町村の区域に配置されている（民委3条）。民生委員は、住民の生活状況を必要に応じて把握しておくことがその職務とされていることから（民委14条1項1号）、後見人等として、民生委員と連携しながら本人の日常生活を支援することがある。

⑥介護保険外の制度とサービス

介護保険の対象ではないが、介護を必要とする人を支援する制度やサービスがある。後見人等としては、必要に応じてこれらの制度やサービスを利用しながら、本人の日常生活を支援していくことが求められている。なお、成年後見制度も介護保険外の制度といえる。

(ア) 行政による支援

国や自治体は、介護保険制度が始まる前から、高齢者や介護の必要な人とその家族のためにさまざまなサービスを行ってきており、現在も行っている。例えば、訪問理美容サービス、紙おむつの支給、緊急通報システムの設置、配食サービスなどである。これらのサービスを介護保険と併用すると、月額利用料を抑えることができる。

また、要介護者が障害者手帳を取得すると、介護保険サービスのほかに障害福祉サービスも受けられるようになる。要介護者に関連があるのは、脳卒中の後遺症で片麻痺など身体的ハンディを負った人や、視覚・聴覚・言語能力・内臓の機能などに障害のある人が取得することができる「身体障害者手帳」と、一定以上の認知症の人が取得することができる「精神障害者保健福祉手帳」である。障害福祉サービスは介護保険サービスと重複している部分が多く、類似のサービスは介護保険が優先される。それ以外では、各種交通機関の割引・介護タクシー券の支給などは、介護保険にはないサービスである。所得税・住民税などの租税について、障害者控除が適用される。

これら行政による制度やサービスは、必要な人に対して積極的に知らされていないのが実情である。「介護の世界では、待っていてよいことはひとつもない」といわれている。後見人等としては、積極的に役場や地域包括支援センターに尋ねる必要があろう。

(イ) 社会福祉協議会が行う事業

精神上の障害（認知症・知的障害・精神障害など）により十分な判断ができない人が、社会福祉協議会と契約をすることで、日常生活自立支援事業によるサービスを受けることができる。日常生活自立支援事業の内容は、①日常の金銭管理サービス、②書類などの預かりサービス、③福祉サービスの利用援助である。契約を締結してこの事業を利用すると、月額で数千円程度の利用料が必要となる。

日常生活自立支援事業の対象者は、成年後見制度の対象者やそのサービスの内容が重複する部分が多いといえる。そのため、本人に精神上の障害により判断能力の軽度の低下がみられたら、まず、日常生活自立支援事業によるサービスを利用することにより、日常生活を支援し、そのサービスでは対応することが困難な状況になったときに、成年後見制度を利用し、支援の担い手を社会福祉協議会から後見人等に移行するという方法が考えられる。特に、日常生活自立支援事業によるサービスでは、本人が税金その他の支払いを滞納している場合や、不動産の処分や相続手続など重要な財産管理を必要とする場合などには、対応することができない。このような事情が判明したときには、速やかに成年後見制度の利用に踏み切ることが、本人を支援するうえでは重要なことである。

(ウ) その他

介護保険による訪問介護では、ホームヘルパーのできることは限られている。見守り・話し相手・留守番・外出時の同行・庭の草むしり・ペットの世話などには、介護保険が使えず、自治体のサービスも弱い部分である。このような場合には、民間の有償サービスを利用する方法がある。経済的な余裕があれば、積極的に活用して、本人の生活の質の維持・向上を図ることができるであろう。

(4) 障害福祉制度の概要

知的障害者や精神障害者が、成年後見制度を利用することも少なくないので、これらの者の後見人等として身上保護の事務を行うことがある。そのため、後見人等としては、障害福祉制度の概要について把握しておくことが望ましい。そこで、障害福祉制度の概要について述べることとする[52)]。

---

52) 障害福祉制度の概要については、鈴木裕介編著「障害福祉に関する法律・支援・サービスのすべて」（ナツメ社、2023年）、菊池馨実「社会保障法（第3版）」（有斐閣、2022年）538-581頁参照。

①障害福祉制度の仕組み

障害福祉サービスは、自立支援給付という枠組みの中で、介護給付と訓練等給付という二つの類型の給付として支給される。利用者は、サービス利用料を負担することになるが、月ごとの利用者負担額には所得に応じた制限が設けられており、上限額以上の負担は発生しないようになっている（応能負担。障害総合支援29条3項）。生活保護世帯や市町村税非課税世帯については無料である。

②障害福祉サービスの利用方法

障害福祉サービスを利用するには、市町村による障害福祉サービスの支給決定を受けなければならない（障害総合支援19条1項）。その支給決定を受けるには、市町村の窓口で申請することになる（障害総合支援20条1項）。申請を受けた市町村は、障害支援区分の認定調査を実施する。認定調査員は、本人や家族と面接をし、移動・動作・意思疎通などの心身の状況や環境を調査する。認定調査の内容は、①概況調査、②障害区分の認定調査、③特記事項からなる（障害総合支援20条2項）。

認定調査後、その調査結果と主治医の意見書（医師意見書）をもとに、コンピュータによる一次判定が実施される。その後、市町村審査会（障害総合支援15条）で一次判定の結果・概況調査・特記事項・医師意見書を用いて二次判定が実施される。二次判定は、認定調査や医師意見書の記載内容に隔たりがないか、一次判定の結果に関して修正の必要性の有無等を確認したうえで障害支援区分（1から6の6段階）が認定される（障害総合支援21条1項）。

障害支援区分の認定を受けたら、相談支援事業者が作成するサービス等利用計画案を市町村に提出する（障害総合支援22条4項5項）。市町村は、提出されたサービス等利用計画案を勘案して障害福祉サービスの支給の要否の決定を行う（障害総合支援22条1項6項）。さらに市町村は、障害福祉サービスの量の決定を行う（障害総合支援22条7項）（支給の要否の決定とその量の決定を併せて「支給決定」という）。なお、支給決定の効力は、申請日に遡らない。また、支給決定は、その決定で定められた期間に限り、その効力を有する（障害総合支援23条）。市町村が支給決定を行ったときは、申請者に対し、支給量等を記載した受給者証が交付される（障害総合支援22条8項）。

障害支援区分が認定されたら、相談支援事業者がサービス等利用計画を作成する。そして、サービス等利用計画を作成した事業者が中心となってサービス担当者会議を実施し、サービス提供事業者などの関係者との連絡調整を行い、本人の意向を確認しながら計画を組み立てていく。

サービス等利用計画を作成したら、その写しを市町村に提出し、サービス利用が開始される。

③障害福祉サービスの内容

(ア) 介護給付サービス

介護給付サービスには、①居宅介護（ホームヘルプサービス）、重度訪問介護（重度の肢体不自由者等の介護）、③同行援護（視覚障害者の移動援護）、④行動援護（重度の知的・精神障害者の危険回避のための援護）、⑤療養援護（医療ケアに伴う介護で、医療に係るものを除く）、⑥生活介護（昼間施設における介護、創作活動・生産活動の支援）、⑦短期入所（ショートステイ）、⑧重度障害者等包括支援（重度障害者への障害福祉サービスの包括的提供）、⑨施設入所支援（施設での夜間介護）の9種類である（障害総合支援5条2項-10項）。

(イ) 訓練等給付サービス

訓練等給付サービスには、①自立訓練（身体機能・生活能力の向上のための訓練等の供与）、②就労移行支援（2年間にわたる生産活動とその機会の提供、就労に必要な知識・能力の向上のための必要な訓練等の供与）、③就労継続支援（通常の事業所に雇用されることが困難な障害者に対する、就労の機会の提供、生産活動とその機会の提供、就労に必要な知識・能力の向上のための必要な訓練等の供与）、④就労定着支援（通常の事業所に新たに雇用された障害者に対する、最長3年間にわたる事業者や医療機関等との連絡調整等の供与）、⑤自立生活支援（自立した生活を希望する障害者について、本人の意思を尊重した地域生活を支援するため、原則として1年間にわたって、定期的な巡回訪問や随時の対応による相談・必要な情報提供・助言その他の必要な援助）、⑥共同生活支援（グループホーム）の6種類である（障害総合支援5

条 12 項 -17 項）。

訓練等給付サービスは、障害者が自立して生活していくにあたっての訓練等の給付である点で、介護等の給付による日常生活の支援を超えた積極的な意義を有するとされる。

(ウ) その他のサービス

補装具費支給（障害総合支援 76 条）、自立支援医療（障害総合支援 52 条 -54 条）、訪問理美容サービス、医療費助成、地域障害者職業センター（地域センター）、障害者就業・生活支援センター（ナカポツセンター）、職場適応援助者（ジョブコーチ）など、さまざまなサービスがある。

3. 後見人等の権限・義務

後見人等には、本人の利益を保護するため、その類型に応じて異なる代理権や同意権・取消権が付与される。

成年後見人には、法律によって、財産に関する法律行為について包括的な代理権が付与されており（民 859 条 1 項）、日常生活に関する行為を除き、法律によって、本人が行った法律行為について取消権が付与されている（民 9 条）。保佐人には、家庭裁判所の審判によって、特定の法律行為について代理権が付与され（民 876 条の 4 第 1 項）、法律によって、重要な法律行為について同意権・取消権が付与されている（民 13 条 1 項 4 項）。補助人には、家庭裁判所の審判によって、特定の法律行為について代理権が付与され（民 876 条の 9 第 1 項）、家庭裁判所の審判によって、特定の重要な法律行為について同意権・取消権が付与される（民 17 条 1 項 4 項）。

(1) 後見人等の代理権の性質

①後見人等における代理行為

成年後見人は本人の財産に関する契約などの法律行為について包括的な代理権を有する（民859条）。医療・診療契約や介護サービスに関する契約などの身上保護に関する法律行為についても、費用の支出などで財産に関するものといえるので、代理権を有することになる[53)]。このように成年後見人は本人の財産に関する包括的な代理権を有するので、成年後見人の本人のためにする行為は代理行為としての性質を有することになる。

代理とは、本人と一定の関係にある他人が、本人のためにした法律行為の効果を本人に帰属させる制度である（民99条）。そのため、代理人が、本人のためにすることを示してした行為（例えば、「A　成年後見人B」として契約を締結する場合）については、本人の同意を要しない。ただし、成年後見人は、後見事務を行うに当たっては、本人の意思を尊重しなければならないので（民858条）、後見事務を行う際には、本人の意思を確認することが不可欠となる。

介護サービスの利用契約の締結や、介護施設の入所契約の締結のときに、契約書に本人の印鑑を押印するように求められることがある。しかしながら、成年後見人は本人の代理人であり、成年後見人が本人のためにした法律行為の効果は本人に帰属するので、本人の押印は不要である（実務では、本人から印鑑を預かり、その印鑑で押印することが少なくないようである）。

ケアマネージャーが作成するケアプランや利用表の確認を、本人だけでなく成年後見人も行うことになる。契約に伴う諸手続を行うことも契約の履行の一環だからである。ただ、本人の意思を尊重するため、本人の同意が必要となる[54)]。

補助人・保佐人についても、代理権が付与されている範囲において

---

53) 新井ほか97頁。

54) (公社) 成年後見センター・リーガルサポート編「成年後見教室—実務実践編（3訂版）」（日本加除出版、2013年）46頁。

は、上述したことが当てはまる（民876条の9第1項・876条の4第1項）。

②金融機関の求める手続における問題点[55)]

（ア）本人の署名・押印

上述のように、後見人等に就任したら、金融機関に後見人等の登録をすることになるが（**第3章1（1）②（ア）**参照）、その際に、本人の署名・押印を求める金融機関がある。

署名については、補助類型・保佐類型における本人の署名を求める金融機関がある。これは、本人に判断能力がある以上、業務上の本人の意思確認の一環として本人の署名を求めるという対応をしているものと思われる。しかし、後見人等は、家庭裁判所によって選任され、法律上代理権を付与された者であるので（民876条の9・876条の4・859条）、金融機関に対して後見人等の登録をする場面では、後見等が開始した事実を届け出るだけで足り、これに付加して、本人の署名は不要である。実際上の問題としても、本人に署名してもらうとすると、本人に金融機関の窓口に来てもらうか、後見人等が金融機関から書類を受け取り、本人と面会して署名してもらって、その書類を金融機関に持参して手続をすることになろうが、後見人等や本人に過度な負担を強いるものであり不当な対応と言わざるを得ない。

押印については、本人の届出印による押印を求める金融機関がある（補助類型・保佐類型だけでなく、後見類型においても届出印による押印を求められることがある）。これは、金融機関としては届出印の所在を確認するため届出印を押印することが必要であるとしている。しかし、上述のように、後見人等は、家庭裁判所によって選任され、法律上代理権を付与された者であるので、金融機関に対して後見人等の登録をする場面では、後見等が開始した事実を届け出るだけで足り、これに付加して、届出印による押印は不要である。また、実際上の問題としても、後見人等が選任される事案では、届出印を紛失しているなどの理由で届出印の押

---

55) この点については、新井誠・赤沼康弘・大貫正男編著「成年後見法制の展望」（日本評論社、2011年）323-334頁が詳しい。

印が事実上困難な状況が多いのが実情である。実際上の対応として、届出印を紛失している場合には、紛失届の提出で処理している金融機関が存在している。このことからしても、届出印の押印が不可欠でないことは明らかである[56]。

(イ) キャッシュカードの発行・利用

金融機関に対して後見等の登録をした場合は、本人が使用していたキャッシュカードの利用ができなくなるという扱いがされている。この際に、後見人等の資格に基づくキャッシュカードの発行・利用が認められるか否かという問題がある。実際には、後見人等に対するキャッシュカードの発行・利用を認めていない金融機関が存在している（信用金庫や農協に多いようである）。本人の取引している金融機関が後見人等に対するキャッシュカードの発行・利用を認めていない場合、実務では、後見人等は、ある程度の金額をまとめて払い戻し、後見人等の住所や事務所近くの金融機関に管理口座を開設して対応するか、当該口座を解約してキャッシュカードの発行・利用を認める金融機関に預け替える方法などにより対応しているのが実情である[57]。

金融機関が後見人等に対するキャッシュカードの発行・利用を認めないのは、システム上の問題が理由であろう。これについては、個々の金融機関の事情もあり、早急な改善が難しいという技術上の問題があることは否定できないであろう。しかしながら、すでに後見人等に対するキャッシュカードの発行・利用を認めている金融機関も多数存在しているので、今後、システムが改善され、後見人等に対するキャッシュカー

---

56) 届出印を紛失している場合に、本人の別の印鑑を本人の届出印に変更する改印届の提出を求める金融機関が存在している。これは、後見等の原因が消滅したことによって後見等開始の審判が取り消された場合や（民18条1項3項・14条1項・10条）、補助類型・保佐類型において預貯金の取引に関する代理権付与の審判が取り消された場合に（民876条の9第2項・876条の4第3項）、本人の届出印の届出をしていないと、本人による取引ができなくなるからだというのが理由のようである。しかし、このような場合には、本人が自ら届出印の届出をすることができる状況にあるので、本人に対してその届出を求めても問題はない。そもそも後見人等による本人の届出印の押印自体が不要なのであるから、この改印届の提出も後見人等の登録をする際には不要な手続である。本人の届出印についての届出は、後見人等に対してではなく、本人に対して求めるべきである。

57) ただ、このような対応をするには、年金等の振込口座や各種支払の引落口座の変更をしなければならないので、手間のかかる作業であるといえるだろう。

ドの発行・利用を認めていない金融機関が、キャッシュカードの発行・利用が認められるようになることが期待される。

日常多用される預貯金取引についてキャッシュカードが利用できず、取引の都度金融機関の窓口で手続を経なければならないとすることは、時間的・労力的にあまりにも煩雑である。また、窓口の取扱時間は固定化されており、時間内に金融機関に出向くことを事実上強制されていることになるがこれは大きな負担となっている。さらに、後見人等の住所や事務所の近くに取扱いの金融機関がない場合も少なくないことなど数々の問題がある。預貯金の取引が金融機関の窓口の取扱いに限定されることは、実態に照らして不都合である。それだけでなく、通常の金融機関での取引は、現金の払い戻しや振込みなどほとんどがキャッシュカードでの処理が可能であり、窓口での手続に比べて手数料が安いという経済上の利点もあるので、少しでも早く後見人等に対するキャッシュカードの発行・利用が認められるよう改善されることが望まれる。

(ウ) 預貯金取引ができる支店

金融機関において後見人等の登録をした場合、預貯金の入出金や振込みなどの取引の手続を行うことができる支店を、本人の口座の取扱支店に限定している金融機関が存在している。これは、すべての支店において後見制度を利用している顧客の把握は難しいこと、後見等の開始の事実が支店の間で共有されていないこと、後見人等の届出印は印鑑照合システムで対応できないこと、後見人等やその代理権・同意権の確認が困難であることなどが理由として挙げられている。

しかし、預貯金取引を本人の取引支店に限定すると、当該取引支店が後見人等の住所や事務所から遠方に存在する場合に不便であり、日常の後見人等の業務に支障をきたすおそれがある。また、後見人等の資格でのキャッシュカードの発行・利用が認められていない金融機関において、預貯金取引が本人の取引支店に限定されていると、より不便さが増し、日常の後見人等の業務に支障をきたすおそれが高まってしまう。

金融機関のシステム上の問題ではあるが、預貯金取引を本人の取引支店に限定していない金融機関が増えていることから、各金融機関の取組みよって改善することは可能であろう。

(エ) 補助類型・保佐類型における取扱い

補助類型・保佐類型では、補助人・保佐人に預貯金の取引に関する代理権が付与されたとしても、それだけで本人において預貯金の取引ができなくなるわけではない。補助類型においては、預貯金取引やその他の特定の法律行為をすることについて補助人に同意権が付与されている場合であっても、補助人の同意を得ていれば取消しの対象にはならない(民17条1項4項)。保佐類型においても、日常生活に関する行為を除き、重要な法律行為をすることについて保佐人の同意を得ていれば取消しの対象とはならない(民13条1項4項。日常生活に関する行為については、そもそも取消しの対象とはならない)。それにもかかわらず、本人自らが預貯金取引をすることができないとする金融機関が存在している。金融機関において、補助人・保佐人と本人の双方が預貯金取引をすることができるようにするのは、システム上問題があるのだろうか。また、本人が金融機関の窓口で預貯金の払い戻しをした後に、補助人・保佐人から同意していないことを理由に取り消される可能性があり、取り消された場合の本人における払い戻された預貯金の返還の範囲は現存利益に限られるので(民122条の2第3項)、金融機関として管理上のリスクが大きいとの指摘がある。

しかし、このような取扱いは、同意権・取消権の行使によって本人の保護を図っている民法の趣旨に抵触することになりかねない。そこで、本人の保護と金融機関の取引の安全の調和を図る必要がある。例えば、本人が行った預貯金の払い戻しが日常生活に関する行為を目的としていれば(例えば、食料品・衣料品の購入、光熱費の支払いなど)、預貯金の払い戻しを取り消すことができない。本人が自ら日常生活に関する行為をすることは同意権・取消権の対象外だからである(民17条1項・13条1項)。本人が金融機関の窓口で預貯金の払い戻しをしようとした場合には、金融機関から補助人・保佐人に問い合わせて同意の有無を確認し、同意が確認できたときに限り、払い戻しに応じるという方法や、本人が金融機関に対して補助人・保佐人の同意書を提出したときに、払い戻しに応じるということも考えられる。

(2) 代理権の制限

成年後見人には、法律により包括的代理権が付与されており（民859条１項）、補助人・保佐人には、家庭裁判所の審判により特定の法律行為について代理権が付与される（民876条の９第１項・876条の４第１項）。しかし、この後見人等の代理権が制限される場合がある。

①本人の行為を目的とする債務を生ずる場合

後見人等がその代理権を行使して法律行為をした場合において、本人の行為を目的とする債務を生ずる場合には、本人の同意が必要である（民876条の10第１項・876条の５第２項・859条２項・824条ただし書）。これは、本人の自由を制限する債務を生ずる場合に、本人の行為の自由を犠牲にしてはならないという趣旨である[58)]。ここにいう行為とは、事実行為のことであり、法律行為は含まない。事実行為は本人でなければすることができないが、法律行為は後見人等が本人に代わってすることができるからである[59)]。本人の行為を目的とする債務を生ずる場合とは、例えば、本人のためにする労働契約のことである。本人に意思能力があれば有効に同意することができるとされている[60)]。本人の意思能力が欠けている場合は、その同意を得られないから、後見人等が、本人の行為を目的とする債務を生ずる法律行為をすることはできない[61)]。

②後見監督人の同意を要する場合

後見類型において、後見監督人がある場合に、成年後見人が本人に代わって営業や民法13条１項に規定する行為をするときには、後見監督人の同意を得なければならない（民864条本文）。これは、営業や民法13条１項に規定する重要な行為は、本人の利益に大きな影響を及ぼすもの

58) 新版注民（25）411頁。
59) 同上。
60) 大判大正８（1919）年３月１日民録25輯352頁（この判例は、本人の同意は、自己の同意が何たるかを弁識する意思能力があれば足り、その行為により財産上発生すべき効果を弁識する能力あることを要しないとする）。
61) 同上。

だから、後見監督人がある場合は、その同意を要するとしたのである（新基本法親族 325 頁）。ただし、元本の受領（民 13 条 1 項 1 号）については、後見監督人の同意は不要である（民 864 条ただし書）。元本の受領は、本人の利益を損なうものではないからである[62]。後見監督人がない場合は、その同意は不要である。

後見監督人の同意なくしてなされた行為は、本人も成年後見人も取り消すことができる（民 865 条）。当然に無効となるのではない。

補助類型と保佐類型においては、この規定は準用されていない。補助人と保佐人には部分的な財産管理権が認められているにすぎないからである。

③居住用不動産の処分についての許可

(ア) 許可の趣旨

後見人等が、本人に代わって、居住用不動産を処分するには、家庭裁判所の許可を得なければならない（民 876 条の 10 第 1 項・876 条の 5 第 2 項・859 条の 3。後見類型だけでなく、補助類型と保佐類型にも同じことが当てはまる）。これは、居住用不動産の処分は、本人の生活や身上に大きな影響を与えるため、家庭裁判所の許可がなければできないとされているのである[63][64]。

(イ) 居住用不動産とは

居住用不動産とは、現に居住用として使用しているだけでなく、居住用として使用することが想定される場合も含まれる。そのため、施設に入所したため、自宅が空き家状態となっていたとしても、自宅に戻ることを想定することができることから、その自宅は、原則として、居住用不動産に該当する。自宅の処分は、本人の精神状態に著しい影響を及ぼす可能性があるからである[65]。また、空き家となった自宅を、家庭裁判所の許可を得て解体した後に、その空き地となった土地も、居住用不動

---

62) 新基本法親族 325 頁。
63) 新井ほか 99 頁。
64) 小林ほか 158 頁。
65) 新基本法親族 318 頁。

産に該当する。居住用不動産に該当するか否かについて判断に迷うときは、事前に家庭裁判所に確認しておくべきである。

(ウ) 許可の対象となる処分行為とは

許可の対象となる処分行為とは、本人が所有または使用する不動産について、それを居住用として使用することができなくなる処分、もしくはそのおそれがある処分をいう[66)]。例えば、売主としての売却、賃貸人としての賃貸、賃借人としての賃貸借の解除、抵当権の設定、解体、贈与者としての贈与、貸主としての使用貸借、借主としての使用貸借契約の解除などである[67)]。

(エ) 処分の必要性

居住用不動産を処分するには、その具体的な必要性がなければならない[68)]。処分の必要性が認められる場合としては、例えば、本人の施設入居費用や生活費等を捻出する場合、管理修繕等に多額の費用が必要な場合などである。実務では、本人が施設に入所する際に自宅を売却する場合において、本人の年金等の収入と施設利用料等の支出との関係がプラスであっても、自宅を売却する必要性が認められることがある。これは、家庭裁判所が、本人の収支の状況だけでなく、現在の生活の状況、自宅に戻る見込みの有無や程度、自宅の管理の状況などといった諸事情を総合的に考慮して、その必要性を判断しているからであると考えられる。

(オ) 許可の申立て

家庭裁判所の許可を得るには、家庭裁判所に対して、許可の申立てをしなければならない（家事39条・別表一49・30・11）。この申立ては、申立書に処分行為の内容、相手方、処分の条件と必要性を記載し、800円分の印紙を貼付して、物件目録、郵便切手（その額は家庭裁判所により異なる）、処分行為に応じた添付書類と併せて家庭裁判所に提出してする。処分行為に応じた添付書類とは、売買の場合は、不動産登記事項証明書、固定資産評価証明書、売買契約書の案、買付証明書、買主が法人

---

66) 新井ほか99頁。

67) 小林ほか159頁。

68) 新井ほか100頁。

であればその法人登記事項証明書である。建物の解体の場合は、解体費用の見積書である。

この家庭裁判所の許可に対しては、不服申し立てをすることができない。

(カ) 許可を得ていない処分行為の効力

家庭裁判所の許可を得ることなくした処分行為は無効である。この家庭裁判所の許可は効力要件だからである[69)]。したがって、当該処分行為をする前に家庭裁判所の許可の申立てをし、許可を得た後にその処分行為をすることになる。

(キ) 売却許可と所有権移転登記の申請

家庭裁判所の売却許可に基づいて、本人所有の不動産について売買を原因とする所有権移転登記を申請する場合には、登記識別情報（または登記済証）を提供することを要せず、事前通知等も要しない[70)]。登記識別情報（または登記済証）の提供を求める趣旨は、登記の申請が登記義務者の真意に基づくものであることを担保することにあり、裁判所から選任された者が裁判所の許可書を添付して申請した場合には、虚偽の登記の申請のおそれがないと考えられるからである。そして、登記識別情報（または登記済証）の提供を要しない場合には、当然のことながら事前通知等も要しないことになる。

これに対して、居住用に該当しない不動産について売買を原因とする所有権移転登記の申請の場合には、家庭裁判所の許可を要しないので、登記識別情報（または登記済証）を提供しなければならない（不登22条本文）。登記識別情報を失念（または登記済証を紛失）している場合には、事前通知等を要することになる（不登23条）。

69) 小林ほか159頁。
70) 登研779号119頁。

④利益相反行為

(ア) 成年後見人の場合

㋐成年後見人の代理権の制限

成年後見人と本人との利益が相反する行為については、成年後見人は、家庭裁判所に対して、特別代理人選任の申立てをしなければならない（民860条本文・826条1項）。ここには、成年後見人が代表する者（例えば、成年後見人の親権に服する未成年者や成年後見人が代表している法人など）と本人との利益が相反する行為も含まれる[71) 72)]。成年後見人を同じくする本人相互間において利益が相反する行為についても同様である（民860条本文・826条2項）。本人の利益を保護するためである。ただし、成年後見監督人がある場合は、特別代理人を選任する必要はない（民860条ただし書）。この場合、後見監督人が本人を代理することになるからである（民851条4号）。

この規定は、民法108条が定める自己代理または双方代理の禁止の特則であるから、民法108条の適用は排除される[73)]。

㋑判断基準

利益相反行為に該当するか否かの判断基準について、最高裁の判例は、成年後見人が本人を代理して行った行為自体を外形的・客観的に考察して判定すべきものとしている（形式判断説）[74)]。成年後見人の動機や意図に基づいて判断することになると、取引の安全を害し、善意の第三者が不測の損害を被るおそれがあるからである。この形式判断説では、必ずしも本人の利益が保護されることにならないが、本人に実質的な不利益が生ずる場合は、後述のとおり代理権の濫用に該当するものとして、本人の利益の保護を図ることができる[75)]。

これに対して、本人の利益を実質的に考察して判定すべきである

71) 新版注民（25）429頁。
72) 新基本法親族319頁。
73) 同上。
74) 最判昭和42（1967）年4月18日民集21巻3号671頁、我妻栄「親族法（法律学全集23）」（有斐閣、1961年）342頁。
75) 新基本法親族320頁。

とする実質判断説を支持する見解が増えている[76) 77)]。この見解は、本人の利益を実質的に保護することを重視するものといえる。

㋒具体例

利益相反行為の具体的としは、以下のものがあげられる。

(A) 成年後見人と本人との間の法律行為

本人の財産を成年後見人に譲渡する行為は、対価の有無にかかわらず常に利益相反行為となる。例えば、債権の譲渡[78)]。本人が相続した財産を成年後見人に譲渡[79)]。本人の有する不動産を成年後見人が買い受ける行為などである。ただし、成年後見人の有する財産を本人に無償で譲渡する行為は、利益相反行為とはならない[80)]。これは、本人に利益となる行為だからである。これに対して、成年後見人の有する財産を有償で譲渡する行為や無償で譲渡する行為であっても負担付である場合には利益相反行為となる[81)]。

(B) 遺産分割協議

遺産分割協議は、利益相反行為となる[82)]。成年後見人の意図や相続人相互間に利害の対立が現実化しなかったとしても、客観的性質上相続人相互間に利害対立を生ずるおそれのある行為と認められるからである。

(C) 相続放棄

共同相続人の一人である者がほかの共同相続人の成年後見人として、その者の相続放棄をすることについては、利益相反行為と

---

76) 新版注民(25) 430-431頁。

77) 新井ほか100頁。

78) 大判昭和6(1931)年3月9日民集10巻3号108頁。

79) 大判昭和9(1934)年5月22日民集13巻15号1131頁。

80) 大判大正9(1920)年1月21日民録26輯9頁、大判昭和6(1931)年11月24日民集10巻12号1103頁等。

81) 我妻栄「親族法(法律学全集23)」(有斐閣、1961年)342頁、久貴忠彦「親族法」(日本評論社、1984年)273頁。

82) 最判昭和48(1973)年4月24日家月25巻9号80頁、最判昭和49(1974)年7月22日家月27巻2号69頁。

なるとするのが原則である[83)]。これは、相続放棄をすることによって、ほかの共同相続人の相続分が増加することになり、相続放棄した者とほかの共同相続人の利益が相反する関係であることが明らかだからである。ただし、共同相続人である成年後見人の相続放棄と同時に、共同相続人の一部である本人がした相続放棄は、利益相反行為とはならない[84)]。これは、共同相続人である成年後見人の相続分が増加しないため、客観的性質からみて、利益相反行為になるものとはいえないからである。

(D) 財産処分行為

成年後見人の利益と外形的に結びついている場合は、利益相反行為となる[85)]。例えば、成年後見人として本人の債権を放棄して成年後見人がその債務の負担を免れる行為[86)]、成年後見人が本人の財産をもって成年後見人の債務の代物弁済とする契約[87)]、成年後見人の債務について本人所有の不動産に抵当権を設定する行為[88)] などである。また、成年後見人が本人を代理して成年後見人の配偶者や内縁の夫に本人所有の財産を贈与することは、利益相反行為となるとされている[89)]。夫婦相互の利害関係は、特段の事情のない限り、共通するものと解すべきだからである。

(E) 債務を負担する行為

これも、成年後見人の利益と外形的に結びついている場合は、利益相反行為となる[90)]。例えば、成年後見人の債務について本人を連帯債務者とする契約[91)] や保証人とする契約[92)] などである。

---

83) 最判昭和 53（1978）年 2 月 24 日民集 32 巻 1 号 98 頁。
84) 前掲最判昭和 53（1978）年 2 月 24 日。
85) 我妻栄「親族法（法律学全集 23）」（有斐閣、1961 年）343 頁。
86) 大判大正 10（1921）年 8 月 10 日民録 27 輯 1476 頁。
87) 東京高判昭和 33（1958）年 6 月 17 日下級民集 9 巻 6 号 1135 頁、最判昭和 35（1960）年 2 月 25 日民集 14 巻 2 号 279 頁。
88) 大判大正 3（1914）年 9 月 28 日民録 20 輯 690 頁。
89) 最判昭和 45（1970）年 5 月 22 日民集 24 巻 5 号 402 頁。
90) 同上 342 頁。
91) 前掲大判大正 3（1914）年 9 月 28 日。
92) 大判昭和 11（1936）年 8 月 7 日民集 15 巻 19 号 1630 頁。

（この点においては、利益相反行為の規定の方が、改正前民法108条より適用範囲が広いといえる[93]）。

㋓特別代理人の選任

（A）特別代理人選任の申立て

特別代理人を選任するには、後見等開始の審判をした家庭裁判所に対して、申立てをすることになる（家事39条・117条2項本文・別表一12）。申立ては、管轄の家庭裁判所に対して、申立書、本人の戸籍謄本、特別代理人候補者の住民票または戸籍の附票、利益相反行為に関する資料、郵便切手（金額は家庭裁判所により異なる）を提出してする（家事49条1項、家事規37条2項3項）。申立書には、①申立人と本人の氏名・住所等、②申立ての趣旨（「特別代理人の選任を求める」と記載する）及び理由、③特別代理人候補者の氏名・住所等を記載して、800円分の収入印紙を貼付する（家事49条2項、民訴費3条1項・別表一15）。利益相反行為に関する資料としては、①遺産分割協議をする場合は、被相続人の除籍謄本、遺産分割協議書案、遺産に関する資料（不動産の登記事項証明書、固定資産評価証明書、金融機関の残高証明書のコピー、保険証券のコピー等）、②売買をする場合は、売買契約書案、不動産の登記事項証明書、固定資産評価証明書、③抵当権を設定する場合は、抵当権設定契約書案、金銭消費貸借契約書案、不動産の登記事項証明書、などである。

（B）特別代理人の資格

特別代理人に選任されるためには、特に資格を要しない。そのため、特別代理人の候補者に親族を推薦することもできる。特別代理人に選任される者は、本人の生活・財産の状況やその行為の必要性を熟知し、本人の利益のために行動することが期待できる者が望ましい。しかし、家庭裁判所が、職権で、適任者を探すことは困難なのが実情である。だからといって、申立人が推薦する者をそのまま特別代理人に選任することは、申立人の「身代わ

93）同上。

り」を選任することにすぎないのではないかと指摘されている[94]。このため、家庭裁判所では、弁護士会、成年後見センター・リーガルサポート、社会福祉士会などの推薦を受けて、当初から第三者の専門家を特別代理人に選任するなどして、公正な職務執行がなされるように配慮されているようである[95]。

(C) 特別代理人選任の審判

申立てがなされると、家庭裁判所は、書面照会などによる審理をし、その審理が終結したときは、特別代理人を選任するか否かの審判することになる（家事73条1項）。その後、審判書が作成され（家事76条1項本文）、審判書が申立人に送付される。これにより審判が申立人に告知されてその効力を生ずることになる（家事74条1項2項）。審判書には、主文、理由の要旨、当事者、管轄裁判所が記載される（家事76条2項）。この審判に対しては、不服申し立てをすることはできない。申立てから審判がなされるまでの期間は、1か月ほどである。

㋔特別代理人の権限と義務

特別代理人の権限と義務は、その選任の申立ての対象とされた行為についてのみの限定的なものであるが、その範囲で成年後見人と同様の権限を有し義務を負うことが原則とされる。そのため、善管注意義務を負い（民869条・644条）、居住用不動産の処分については家庭裁判所の許可が必要となる（民859条の3）[96]。

特別代理人選任の審判は、特別代理人の選任についての審判であり、対象とされた行為そのものについての審判ではない。そのため、選任された特別代理人が、善管注意義務に基づいて、当該行為の相当性を判断しなければならない[97]。例えば、本人が相続人となる遺産分割協議について、その成年後見人も共同相続人である場合には、特別代理人を選任しなければならないが、その特別代理人

94) 新版注民（25）432頁。
95) 新井ほか102頁。
96) 新版注民（25）525頁。
97) 新井ほか103頁。

は、自ら遺産を調査するなどして、その遺産分割協議書案の相当性を判断しなければならない[98]。特別代理人選任の申立ての際に家庭裁判所に対して提出した遺産分割協議書案のとおりの協議を成立させる場合であっても、善管注意義務が減殺されるわけではなく、事案に即した善管注意義務を負うものと考えられる[99]。

特別代理人は、その対象とされた行為を完了したときは、任務を終了し、特別代理人の資格を失う[100]。特別代理人は、本人の利益を保護するための臨時の機関だからである。実務では、特別代理人の任務を終了した段階で、家庭裁判所に対し、職務終了の報告書を提出して終結する扱いがされている。

㋕違反行為の効力

利益相反行為について特別代理人を選任せずに成年後見人が自ら行為をした場合の効力は、無権代理行為となるとするのが判例である[101]。したがって、成年後見人や行為能力を回復した本人が追認すれば、その行為は初めから有効となる。これは、①利益相反行為について、成年後見人には代理権がないこと、②利益相反行為において特別代理人の選任を要する趣旨は、本人を保護するためであるから、行為能力を回復した本人がその行為の効力を望んだときは、追認を認めることが適当であることが理由であると考えられる。

(イ) 補助人・保佐人の場合

補助人・保佐人と本人との利益が相反する行為については、補助人・保佐人は、家庭裁判所に対して、臨時補助人・臨時保佐人選任の申立てをしなければならない（民876条の7第3項本文・民876条の2第3項本文)。ただし、補助監督人・保佐監督人がいる場合は、補助監督人・保佐監督人が権限を行使するため、臨時補助人・臨時保佐人選任の申立てをする必要はない（民876条の7第3項ただし書・民876条の2第3項ただし書)。臨時補助人・臨時保佐人については、成年後見人における特別

98) 広島高岡崎支平成23（2011）年8月25日判タ1376号164頁。
99) 判タ1376号164頁。
100) 新版注民（25）151頁。
101) 前掲大判昭和11（1936）年8月7日。

代理人の箇所で述べたことが当てはまる。

⑤代理権の濫用

後見人等が、自己または第三者の利益を図る目的で代理権を行使した場合において、取引の相手方が後見人等の目的を知っていたときや、知ることができたときは、その行為は無権代理行為とみなされる（民107条）[102]。例えば、後見人等が、自己の親族が経営する会社の事業資金とする目的で銀行から融資を受けて、その担保として本人が所有する土地に抵当権を設定する行為である[103]。この場合、後見人等の利益と外形的に結びついていないので、利益相反行為とはならないが、代理権の濫用に当たるのであれば、無権代理行為となり、本人に当該行為の効力は及ばないことになる。

ただし、当該行為は利益相反行為には当たらないものであるから、それが本人の利益を無視して自己や第三者の利益を図ることのみを目的としてなされるなど、後見人等に本人を代理する権限を授与した法の趣旨を著しく反すると認められる特段の事情が存在しない限り、後見人等により代理権の濫用に当たるものと解することは相当でない、とされている[104]。これは、後見人等が本人を代理してする法律行為は、後見人等と本人との利益相反行為とならない限り、その行為をするか否かは本人のために代理権を行使する後見人等が本人をめぐる諸般の事情を考慮してする広範な裁量に委ねられているとみるべきだからである。このため、当該行為について、それが本人に経済的利益をもたらさないことから直ちに第三者の利益のみを図るものとして後見人等による代理権の濫用に当たると解するのは相当ではない、とされている[105]。このように、判例は、代理権の濫用に該当する範囲を限定しており、これは、本人の利益と取引の相手方の利益の保護との調和を図るためであると考えられ

---

102) なお、民法改正前は民法93条の類推適用により本人に対して効力が及ばないとされていた（最判昭和42（1967）年4月20日民集21巻3号697頁、最判平成4（1992）年12月10日民集46巻9号2727頁）。

103) 前掲最判平成4（1992）年12月10日。

104) 前掲最判平成4（1992）年12月10日。

105) 前掲最判平成4（1992）年12月10日。

る[106]。仮に、代理権の濫用が認められなかった場合には、後見人等の善管注意義務違反や解任請求の問題として、後見人等の責任を追及することができるとされる[107]。

代理権の濫用に関しては、後見人等がその事務を行う際には、本人の意思を尊重しなければならないことから（民876条の10第1項・876条の5第1項・858条）、後見人等が本人の明確な意思に反してした代理行為は、たとえそれが本人に不利益を生じなくても、本人の身上に配慮するための必要性が認められない限り、代理権の濫用に該当すると考えることもできる。しかしながら、本人の意思は後見人等を絶対的に拘束するものではなく、例えば、回復し得ない大きな損害を受けるおそれのある行為については中止させなければならないと解されている[108]。その限りでは、たとえ本人の明確な意思に反してした代理行為であっても、代理権の濫用とは認められないと考えてよいであろう。このように解することで、本人の利益の保護と取引の相手方の信頼の保護とが調和されることになると考えられる[109]。

(3) 同意権・取消権の内容

① 成年後見人の場合

成年後見人は、本人がした法律行為について、日常生活に関する行為を除き、取り消すことができる（民9条・120条1項）。後見類型の場合、本人は精神上の障害により判断能力を欠く常況にある者であるから、本人が自ら法律行為を行う場合には、自己に不利益な行為を誤ってしてしまうおそれがあるからである。成年後見人の同意の有無にかかわらず、本人が自ら行った法律行為は、取り消すことができるものとされている。仮に成年後見人が当該法律行為について同意したとしても、本人が意思能力を一時的に回復したとしてもその状態の持続は期待できないため、本人がその同意に従って適切に法律行為を行うことができると

106) 判タ852号27頁。
107) 新版注民（25）596頁。
108) 新井ほか109頁。
109) 新版注民（25）596頁。

は限らないからである[110]。日常生活に関する行為について、取消権の対象から除外しているのは、自己決定の尊重とノーマライゼーションの理念に基づいて、日常生活に関する行為については本人の判断に委ねることが適当だからである。一時的に判断能力が回復しているときには日常の買物等を自らすることができるような制度とすることが、自己決定の尊重及びノーマライゼーションの理念に沿うものといえると考えられている[111]。なお、日常生活に関する行為については、取引の相手方にとっても、取消権の行使の可能性を懸念する必要がないので、取引の安全に資するものといえる[112]。

ここにいう、日常生活に関する行為とは、本人が生活を営むうえで必要な法律行為をいうものとされている[113]。例えば、食料品や衣料品等の日用品の購入、水道光熱費（電気料金・ガス料金・水道料金等）の支払いなどである。

②保佐人の場合

保佐類型においては、本人が自ら民法13条1項に定められた重要な行為をするには、日常生活に関する行為を除き、保佐人の同意を得なければならない（民13条1項）。本人が保佐人の同意を得ずに民法13条1項所定の行為をした場合は、保佐人は当該行為を取り消すことができる（民13条4項）。保佐類型は、本人の判断能力が著しく不十分であることから、本人による浪費などによって自己の財産が失われてしまうことを防いで、本人の財産を保護する必要があるため、重要な行為について当然に、保佐人に同意権・取消権を与えたのである。なお、日常生活に関する行為について、保佐人の同意を要しないとされているのは、この行為については、本人の判断に委ねることが、自己決定の尊重とノーマライゼーションの理念に適うからである。

---

110) 小林ほか105頁、新版注民（1）343頁、幾代通「民法総則（第2版）」（青林書院、1984年）68頁。
111) 小林ほか106頁。
112) 同上105頁。
113) 同上106頁。

民法13条1項によって、保佐人の同意を得なければならないとされている行為は、下記のとおりである。

(ア) 元本を受領し、または利用すること（1号）

元本の受領とは、利息・家賃・地代等の法定果実（民88条2項）を生む財産を受領することをいう。例えば、貸付金の返済の受領、賃貸していた土地建物の返還を受けることなどである。預貯金の払い出しや弁済の受領も含まれるとされている[114]。元本の受領について、保佐人の同意が求められる趣旨は、受領した元本が不合理に投資されることや、元本を受領したことによりその財産が浪費されることを防止する点にある[115]。

元本の利用とは、法定果実の取得を目的とする行為をすることをいう。例えば、利息付消費貸借による金銭の貸付、銀行への預金、株式の購入などである。

(イ) 借財・保証をすること（2号）

借財とは、消費貸借契約により金銭を借り入れることをいう。約束手形の振出しも借財に含まれるとする判例がある[116]。

保証とは、保証契約により主たる債務者の債務について保証人として保証債務を負担することをいう。物的担保を提供して物上保証人になることも含まれるとされている[117]。

(ウ) 不動産その他重要な財産に関する権利の得喪を目的とする行為をすること（3号）

重要な財産には、特許権や著作権等の知的財産権、多額の債権も含まれると解されている[118]。

「権利の得喪を目的とする行為」には、売買、地上権や抵当権等の権利の設定、賃貸借契約・使用貸借契約の締結や解除などが該当する。重要な財産に関する行為全般について、保佐人の同意を要することになる

---

114) 同上86頁。
115) 新版注民（1）357頁。
116) 大判明治39（1906）年5月17日民録12輯758頁。
117) 同上358頁。
118) 小林ほか88頁。

といえる。

(エ) 訴訟行為をすること (4号)

本人が訴えの提起等の訴訟行為をするには、保佐人の同意を得なければならない（民訴28条参照)。この同意は、法的安定性のため、個々の訴訟行為について与えるものではなく、包括的に与えられなければならない[119]。保佐人の同意を得ずにした訴訟行為は、保佐人の追認があれば行為の時に遡って効力を生ずるものとされている（民訴34条2項)。そのため、追認があるまでは、その訴訟行為は効力を有していなかったことになる[120]。これに対して、相手方の提起した訴えや上訴について訴訟行為をするには、保佐人の同意を要しないとされている（民訴32条1項)。相手方の訴えを提起する権利や上訴を提起する権利を保護するためである[121]。

なお、人事訴訟（婚姻や親子関係といった身分についての法律関係に関する訴訟をいう（人訴2条)。）において、本人が訴訟行為をするには、保佐人の同意を要しない（人訴13条1項)。これは、人事訴訟が対象とする身分行為については、できるだけ本人の意思に基づいて行われることが民法上求められている（民738条・764条・799条・812条参照）ことに対応するためである[122]。

(オ) 贈与・和解・仲裁合意をすること (5号)

贈与（民549条）は、本人が第三者に対して贈与する場合に限られ、贈与を受ける場合は含まれない。贈与を受ける場合は、本人の不利益とはならないと考えられるからである。

和解は、裁判外の和解（民695条）と裁判上の和解（民訴267条・275条）の双方が含まれる。本人が自ら和解をすると、本人に不利益が及ぶおそれがあるため、保佐人の同意を要するものとされている[123]。

仲裁合意とは、民事上の紛争の全部または一部の解決を、仲裁人に委

---

119) 伊藤眞「民事訴訟法（第7版)」(有斐閣、2020年）135頁。
120) 新版注民（1）359頁。
121) 伊藤眞、前掲書135・134頁。
122) 松川正毅・本間靖規・西岡清一郎編「新基本法コンメンタール人事訴訟法・家事事件手続法」(日本評論社、2013年）36頁。
123) 新版注民（1）360頁。

ねて、その判断に服する旨の合意をいう（仲裁2条1項）。自ら紛争の仲裁をすることを含む趣旨ではない[124]。これも和解と同様に、本人に不利益が及ぶ可能性があるため、保佐人の同意を要する。

(カ) 相続の承認・放棄・遺産の分割をすること（6号）

相続の承認には、単純承認（民920条）と限定承認（民922条）の双方が含まれる。単純承認については、被相続人の負担した責任を承継することになり、本人に不利益が及ぶおそれがあるため、保佐人の同意を要する。限定承認については、被相続人の債務について責任を負うわけではないが、相続財産の清算を伴うことから、保佐人の同意を要するものとされている[125][126]。

相続の放棄（民939条）は、財産を取得する機会を失う結果となることから、保佐人の同意を要するものとされている[127]。

遺産の分割（民909条）は、遺産分割の内容によっては、本人に不利益を及ぼすおそれがあるため、保佐人の同意を要する。

(キ) 贈与の申込みの拒絶・遺贈を放棄・負担付贈与の申込みの承諾・負担付遺贈の承諾（7号）

贈与の申込みを拒絶したり、遺贈を放棄（民986条）したりすることは、財産を取得する機会を失うことになるため、保佐人の同意を要する。

負担付贈与の申込みや負担付遺贈は、それを承諾することにより本人に不利益が及ぶおそれがあるため、保佐人の同意を要する。

(ク) 新築・改築・増築・大修繕をすること（8号）

新築・改築・増築・大修繕を目的とする請負契約を締結する場合には、保佐人の同意を要する。これらの工事をするには、その工事の必要性や費用と効用について判断する必要があるが、保佐類型の本人がこの判断をすることは容易ではないからである[128]。

---

124) 小林ほか90頁。
125) 幾代通「民法総則（第2版）」（青林書院、1984年）74頁。
126) 川島武宜「民法総則（法律学全集17）」（有斐閣、1965年）182頁。
127) 新版注民（1）360頁。
128) 新版注民（1）361頁。

(ケ) 短期賃貸借の期間を超える賃貸借をすること

短期賃貸借とは、民法602条が定める期間を超えない範囲でする賃貸借のことをいう。その期間とは、①樹木の栽植・伐採を目的とする山林の賃貸借は10年、②それ以外の賃貸借以外の土地の賃貸借は5年、③建物の賃貸借は3年、④動産の賃貸借は6か月である（民602条）。この期間を超えない範囲での賃貸借であれば、管理行為の範囲にとどまるため、保佐人の同意を要しないとされている[129]。短期賃貸借であれば、元本の利用や重要な財産の得喪には該当しないことになる[130]。

(コ) 上記（ア）から（ケ）の行為を制限行為能力者の法定代理人としてすること（10号）

制限行為能力者が代理人となることは認められているため（民102条）、保佐類型における本人ＡはＢの成年後見人となることができることになる（民847条参照）。しかし、この場合のＢが、保佐人Ｃの同意を得ることなくＢの重要な財産を処分することができるというのは適当でない。そこで、ＡがＢの法定代理人（未成年後見人、成年後見人、保佐人、補助人）としてする行為については、Ｃの同意を要することとされた（平成29年の改正により追加された[131]）。

③補助人の場合

補助類型においては、同意権付与の審判により補助人の同意を要するとされた特定の法律行為を本人がするには、補助人の同意を要する（民17条1項本文）。同意権付与の対象となる法律行為は、民法13条1項所定の行為の一部に限られる（民17条1項ただし書）。同意権付与の審判の申立てをする際に、本人が同意権を付与する行為を選択することとなっている。補助類型は、一定程度の判断能力を有する者を対象とする制度であるため、自己決定の尊重の観点から、同意権・取消権の付与について、本人の意思に基づいて選択させる方法が採用されているのであ

---

129) 小林ほか91頁。
130) 同上。
131) 四宮和夫・能見善久「民法総則（第９版）」（弘文堂、2018年）69頁。

る[132]。取消権は、同意権付与の審判の効果として、同意権付与の対象となった法律行為について付与される（民17条4項）。この同意権・取消権が補助人に付与された場合に、本人の行為能力が制限されることになる。

(4) 後見人等による取消権の行使と追認

①取消権の行使

(ア) 成年後見人の場合

㋐取消権の趣旨とその行使の方法

成年後見人は、日常生活に関する行為を除き、本人がした法律行為を取り消すことができる（民9条・120条1項）。後見開始の審判により成年後見人が付された本人について、行為能力を制限することによって、本人を保護するためである。例えば、本人が必要ないのに高価な印鑑を購入した場合には、成年後見人はその印鑑の売買契約を取り消すことにより、本人の財産を保護することができる。取消権を行使するには、相手方に対し、取消権を行使する旨の通知をしてすることになる（民123条）。相手方の承諾は不要である。実務では、配達証明付の内容証明郵便によって相手方に通知して取消権を行使している。これは、取消しの意思表示は、相手方に到達した時から効力を生ずることから（民97条1項）、その事実を証拠として残すためである。

㋑取消権の行使の効果

取り消された法律行為は、初めから無効であったものとみなされる（民121条）。いったん生じた債務は発生しなかったことになり、すでに履行されたときは、受領した者はそれを不当利得として返還しなければならない（民121条の2第1項）。ただし、本人の返還すべき義務は、現に利益を受けている限度に限られている（民121条の2第3項）。制限行為能力者を保護するためである。例えば、成年後見人が、本人がした高価な印鑑の購入契約を取り消した場合において、本人がすでに受け取っていた印鑑が、本人の過失なく滅失し

132) 小林ほか65頁。

たときは、その印鑑の価額を相手方に返還する必要はないのである。

㋒取消権の行使の時効

成年後見人における取消権は、取り消すことができる行為が行われたことを知った時から５年間行使しないと、時効によって消滅することになる（民126条前段）。法律行為がいつまでも取り消すことができる状態にあると、法律関係を不安定にしてしまうからである。この消滅時効の期間について、判例は、取消権の行使自体の消滅時効であり、取消権の行使によって発生する返還請求権については、別の消滅時効の成否が問題となるとしている[133)]。しかし、この見解では、法律関係を安定させるとする取消権制度の趣旨に適していないことから、学説では、返還請求権の行使についても取消権の行使の消滅時効と一体として扱うべきだとする見解が有力である[134)] [135)]。なお、法律行為の時から20年が経過しても、取消権は時効により消滅する（民126条後段）。

（イ）補助人・保佐人の場合

補助人については、家庭裁判所の審判により同意権が付与されている行為を、本人が補助人の同意を得ることなくした場合には、後見類型と同様である（民17条４項・120条１項）。ただし、補助類型においては、後見類型と異なり、補助人が付与された同意権に基づいて同意した行為については、確定的に有効となり、以後、取り消すことができなくなる[136)]。補助類型においては、本人は一定水準の判断能力を有する者を対象とする制度だからである。

保佐人については、民法13条１項所定の行為を、本人が保佐人の同意を得ることなくした場合には、補助類型と同様である（民13条４項・120条１項）。

---

133) 大判昭和12（1937）年５月28日民集16号903頁、於保不二雄・奥田昌道編者「新版注釈民法（4）総則（4）（改訂版）」（有斐閣、2015年）538-540頁。

134) 河上正二「民法総則講義」（日本評論社、2007年）430頁。

135) 我妻栄「新訂民法総則（民法講義Ⅰ）」（岩波書店、1965年）405・439・498-500頁。

136) 本人が自ら法律行為を行うことについて、成年後見人が同意をしていたとしても、成年後見人はその法律行為を取り消すことができるとされる（第３章３（3）①参照）。

②追認

(ア) 追認の効果・方法

後見等開始の審判(民15条1項・11条・7条)を受けた本人が締結した契約については、日常生活に関する行為を除き、後見人等によって取り消すことができるのが原則である(民17条1項4項・13条1項4項・9条)。もっとも、後見人等は、取り消すことができる契約を追認することができる(民120条1項)。追認をすると、その契約を取り消すことができなくなり、当該行為は有効なものとして確定する(民122条)。追認は、契約の相手方に対する意思表示をすることによって行う(民123条)。本人が締結した契約が本人の不利益とはならないものであれば、その契約を取り消すことはせずに追認することによって、本人の自己決定を尊重することが可能となる。

(イ) 本人が後見等開始の審判を受ける前に行った行為の追認

では、後見等開始の審判を受ける前に本人が締結した契約について、その締結後、就任した後見人等は、追認することができるであろうか。実務では、本人に後見人等が付くことを前提として、ホームヘルパーなどが本人にサービスを提供して、本人が後見等開始の審判を受けた後に、後見人等に対して契約書について署名押印を求めることがある。後見等開始の審判の確定日以後の日付をもって、後見人等が契約を締結することができるのは当然である。しかし、実務では、ホームヘルパーの事業所などから、後見人等に対して、本人が後見等開始の審判を受ける前の日付で契約書について署名押印を求められることがある。このような場合において、後見人等としてはどのような対応をすべきかが問題となることがある。

この点については、まず、本人と事業所との間で契約が有効に成立している場合には、後見人等は契約の追完をすることができる。この場合には、契約書の日付には契約の締結日を記載する。また、後見人等が代筆した旨とその日付を記載しておく。このようにしておけば、後見人等が契約の追完をしたことが明確になる。

もっとも、後見類型の場合には、契約が有効に成立しているか否かの判断が問題となる。後見開始の審判を受けた者は、判断能力を欠く常況にある者だから（民７条）、後見開始の審判を受ける前に本人が契約を締結した時に、本人には意思能力が無かった可能性があるからである。

この点については、まず、成年後見人において、本人と面談をしてその意思能力の有無を確認する。それから、ケアマネージャーなどの関係者から、当時の状況や契約に至るまでの経緯を聴取する。それらの事情を考慮して、本人の意思能力が確認でき、かつ、その意思が明確に判明できれば、その意思に従うことになるが、明確にならないのであれば、本人の意思を推認することにより判断することになろう。

以上により、契約締結時における本人の意思能力とその意思を確認することができた場合には、成年後見人は契約の追完をすることになる。

これに対し、本人の意思能力やその意思が確認できなかった場合には、契約は無効なものとして扱うことになると考えられるので、その契約を清算することになろう（民121条の２第１項）。もっとも、その契約が本人にサービスを提供するものである場合は、すでに提供されたサービスについての費用を清算することになるので、契約が成立した場合とあまり変わらないであろう。商品を購入する契約の場合は、商品の返品と費用の返還を請求することになる。ただし、意思能力が無かったことの証明は困難である。その証明ができなければ契約は有効に成立しているものとして扱うことになろう。また、ホームヘルパーの契約など介護保険サービス提供の契約については、本人の意思を確認できる場合が多いであろう。なお、本人の意思が確認できずその契約が無効なものとして扱われる場合には、追認することはできないが、成年後見人が新たに同様の契約をすることは可能である（民119条）。

③相手方の保護

（ア）後見人等による取消権の行使と本人による詐術

成年後見人は、本人が行った法律行為を取り消すことができる（民９条本文）。また、補助人と保佐人は、これらの者の同意を得ることなく本人が自らした法律行為を取り消すことができる（民17条４項・13条４項）。しかし、本人が行為能力者（単独で法律行為ができる者）であることを信じさせるため詐術を用いたときは、その行為を取り消すことができない（民21条）。詐術によって本人が行為能力者であると法律行為の相手方に信じさせた場合には、本人がした法律行為につき取消権の行使を認めて保護することは適当ではないからである。

「詐術を用いた」とは、どのような意味であろうか。最高裁の判例は、制限行為能力者（成年後見人等が付されている者等）の単なる黙秘は詐術に当たらないが、制限行為能力者であることを黙秘していた場合でも、それが制限行為能力者のほかの言動などと相まって、相手方を誤信させ、または誤信を強めたと認められるときは、詐術に当たるとしている[137]。制限行為能力者の保護と取引の安全との調和を図るためである[138]。ただ、補助類型、保佐類型、後見類型ごとに、本人の判断能力の程度が異なることから、同じ事情のもとであっても、詐術に当たるか否かの判断が異なることがあると考えられている[139][140]。

詐術があったとしても、相手方が制限行為能力者であることを知っていた場合には、後見人等は取消権を行使することができる。制限行為能力者であることを知っていた相手方を保護する必要がないからである。

（イ）相手方の催告権

制限行為能力者の相手方は、制限行為能力者側に対して、1か月以上の期間を定めて、その期間内に追認するか否かの確答を促すことができる（民20条）。制限行為能力者の相手方は、その行為が取り消されるかどうかわからない状態で不安定なことから、この不安定な状態を解消するために相手方に催告権が認められている。催告した期間内に制限行為能力者側が確答を発しないときは、次のとおり追認または取消しの効果があったとみなされる。追認とは、取り消すことができる行為を、確定的に有効なものとする意思表示のことである（民122条）。

①制限行為能力者が行為能力を回復した後に催告を受けた場合は、追認したものとみなされる。②制限行為能力者の後見人等が催告を受けた場合、追認したものとみなされる。これらの場合は、催告を受けた場合

137) 最判昭和44（1969）年2月13日民集23巻2号291頁。
138) 我妻栄「新訂民法総則（民法講義Ⅰ）」（岩波書店、1965年）92頁。
139) 小林ほか118-119頁。
140) 四宮和夫・能見善久「民法総則（第9版）」（弘文堂、2018年）81頁。

は、受けた者が単独で追認することができるからである（民124条1項）。③後見監督人の同意を要する場合に（民864条本文)、その同意を得た旨の通知を発しないときは、取り消したものとみなされる。④補助類型と保佐類型において、本人が補助人・保佐人の追認を得た旨の通知を発しないときは、取り消したものとみなされる。これらの場合は、催告を受けた者が単独で追認することができないからである。もっとも、後見類型においては、本人に意思表示の受領能力が認められていないので(民98条の2本文)、本人に対して催告をしても、催告の効果は生じない。この場合には、その成年後見人に対して催告をしなければならない。

催告に対する確答は、期間内に発すればよい。仮にその確答が到達しなかったとしても、その確答を発したことを証明すれば、その確答の内容に従った効果を主張することができるとされている[141]。

(ウ) 成年後見制度と取引の安全との関係

特定の者と取引をした場合にその特定の者が、後見等開始の審判を受けていると、その取引が取り消されるおそれがある（民17条1項4項・13条1項4項・9条)。その取引が、日用品の購入その他日常生活に関する行為であれば、取消権の行使の対象から除外されているので、このような取引をする場合には、取消権の行使の可能性を懸念する必要はない。例えば、食料品や衣料品等の日用品の購入、電気代・ガス代・水道料金等の支払いなどである。

日常生活に関する範囲を超える取引において、本人の判断能力に疑義がある場合に、相手方が本人や後見人等の取消権の有無を確認する方法が問題となる[142]。確実な方法としては、本人やその家族に対し、登記事項証明書（後見登記10条1項）の提出を求める方法である。しかし、この場合に、本人が成年後見制度を利用していない旨を述べたときは、実際には後見等開始の審判を受けていたとしても、行為能力者であることを信じさせるために詐術を用いたとして、取消権の行使を免れることができる（民21条)。

---

141) 新版注民（1）387頁。
142) 小林ほか 120-122頁。

金融機関など継続的に取引をしている相手方に対しては、後見等の事項について変更があった場合には、変更後の登記事項証明書を提示して変更があった旨を申告しておくことによって、トラブル防止などの観点から本人の利益に適うものと考えられる[143]。

(5) 代理権・同意権の追加と同意権の拡張

①代理権の追加

補助人・保佐人に付与された代理権では、本人の保護が不十分な状況になった場合には、本人の同意を得たうえで、家庭裁判所に対し、代理権追加付与の審判の申立てをする必要がある（民876条の9第1項2項・876条の4第1項2項)。実務では、1回のみの行為（例えば、保険金の請求など）であれば、代理権を追加付与するのではなく、本人から委任状をもらって、代理人としてその行為をするという運用がなされることがある（この運用の問題点につき、**第8章2（2）①（ア）**参照)。代理権が付与されていない行為については、本人は判断能力を有するものだからとされている。

なお、例えば、補助人・保佐人に、本人の不動産を売買についての代理権が付与されている場合において、本人の所有する不動産をすべて売却したときは、家庭裁判所に対し、補助人・保佐人により、その代理権を取り消す旨の申立てをすることができるが（民876条の9第2項・876条の4第3項)、実務では、この申立てがなされることは少ないようである。この申立ては、義務ではなく、また、家庭裁判所から、この申立てをすることを促されることもないからである。

②同意権の追加

補助人に付与された同意権では、本人の保護が不十分な状況になった場合には、本人の同意を得たうえで、家庭裁判所に対し、同意権付与の審判の申立てをする必要がある（民17条1項2項)。

143) 同上121頁。

③同意権の拡張

また、保佐人に付与されている民法13条1項所定の行為についての同意権のみでは、本人の保護が不十分な状況になった場合には、家庭裁判所に対し、民法13条1項所定の行為以外の行為についても、日常生活に関する行為を除き、同意権を付与する旨の申立てをすることができる（民13条2項）。ただ、相当な対価を伴う行為については、民法13条1項3号の「重要な財産に関する権利の得喪を目的とする行為」に該当する場合があると考えられ、また、これに該当しない程度の金額であるとすると日常生活に関する行為に該当する可能性があると考えられるため、同意権の拡張の対象となる行為は少ないとされる[144)]。同意権の拡張の対象となり得る行為としては、例えば、短期賃貸借（民602条）、労働契約、委任契約、寄託契約、介護契約などで、相当の対価を伴わないものなどがある。

4. 本人の意思の尊重と身上配慮義務

(1) 本人の意思の尊重とは

①本人意思尊重義務の趣旨（自己決定の尊重）

後見人等は、その事務を行うに当たっては、本人の意思を尊重しなければならない（民876条の10第1項・876条の5第1項・858条）。これは、成年後見制度が自己決定の尊重を基本理念としていることを具体化したものといえる。本人の判断能力が低下していたとしても、希望を述べることや、価値を選択することができる場合もあるのだから、意思決定に際しては、本人の希望を聴くこと、判断能力が低下する前に表明していた意思や希望を尊重すること、家族やケアマネージャーなど本人の生活に深くかかわる者から本人の希望を聴くこと、資料の提供を受けると

144) 新井ほか30頁。

いった対応が求められる。

もっとも、法定後見制度を利用している者には、本人を保護する必要性があるので、本人の意思を尊重することが貫けない場合もある。本人の意思を尊重することによって本人が重大な不利益を被るような場合には[145)]、本人の意思の尊重よりも本人の保護を優先すべき場合があると考えられる。本人の意思の尊重と本人の保護との間に矛盾が生じる場合には、その狭間で葛藤しながら支援しなければならないこともある。

②補助類型と自己決定の尊重

補助類型においては、自己決定を尊重する観点から、次のような手当てがされている。①補助開始の審判について本人自身に申立権が付与されており、本人以外の者が申立てをする場合には本人の同意あることが要件とされていること（民15条1項2項）、②補助人に特定の法律行為についての代理権や同意権を付与する審判についても、本人の申立てや同意が要件とされていること（民17条1項2項・876条の9第1項第2項・876条の4第2項）、③補助人の選任にあたっては、本人の意見を考慮しなければならないとされていること（民876条の7第2項・843条4項）、④日常生活に関する行為については、補助人の同意権・取消権の対象から一律に除外されていること（民17条1項ただし書・13条1項ただし書）、⑤本人の利益を害するおそれがない行為について、同意権を付与された補助人が同意をしない場合には、家庭裁判所の許可を得てその行為を自ら行うことができるとされていること（民17条3項）。

③保佐類型と自己決定の尊重

保佐類型においては、自己決定を尊重する観点から、次のような手当てがされている。①保佐開始の審判について本人自身に申立権が付与されていること（民11条）、②保佐人に特定の法律行為についての代理権を付与する審判について、本人の申立てや同意が要件とされていること

---

145) 例えば、自宅での生活を続けることで本人が基本的な日常生活すら維持できない場合や、本人が現在有する財産の処分の結果として基本的な日常生活すら維持できない場合などである。

（民876条の４第１項第２項）、③保佐人の選任にあたっては、本人の意見を考慮しなければならないとされていること（民876条の２第２項・843条４項）、④日常生活に関する行為については、保佐人の同意権・取消権の対象から一律に除外されていること（民13条１項ただし書）、⑤本人の利益を害するおそれがない行為について、同意権を付与された保佐人が同意をしない場合には、家庭裁判所の許可を得てその行為を自ら行うことができるとされていること（民13条３項）。

④後見類型と自己決定の尊重

後見類型においては、自己決定を尊重する観点から、次のような手当てがされている。①成年後見人の選任にあたっては、本人の意見を考慮しなければならないとされていること（民843条４項）、②日常生活に関する行為については、成年後見人の取消権の対象から一律に除外されていること（民９条ただし書）。

(2) 意思決定支援

①意思決定支援のガイドライン

平成29（2017）年に閣議決定された成年後見制度利用促進基本計画では、成年後見制度の利用者がメリットを実感できる制度・運用へ改善を進めることが目標とされ、後見人等が本人の特性に応じた適切な配慮を行うことができるよう、意思決定支援の在り方についての指針の策定に向けた検討が進められるべきであるとされている。

このような背景には、実務において、本人の判断能力が低下していることを理由に、本人の意思や希望への配慮や支援者等との接触のないまま後見人等自身の価値観に基づき権限を行使するなどといった反省すべき実例があったことは否定できないからだとされている。

後見人等を含め、本人に関わる支援者らが常に「意思決定の中心に本人を置く」という本人中心主義を実現するためには、意思決定支援についての共通理解が必要である。そこで、意思決定支援を踏まえた後見事務についての理解が深まるよう、最高裁判所、厚生労働省、日本弁護士連合会、成年後見センター・リーガルサポート及び日本社会福祉士会により構成される意思決定支援ワーキング・グループにおいて検討を重ね、成年後見制度の利用者の立場にある団体からのヒアリング等の結果を踏まえつつ、令和2（2020）年に「意思決定支援を踏まえた後見事務のガイドライン」が策定された。このガイドラインは、後見人等に就任した者が意思決定支援を踏まえた後見等の事務を適切に行うことができるように、後見人等に求められている役割の具体的なイメージ（通常行うことが期待されること、行うことが望ましいこと）を示すものである。なお、このガイドラインに記載されていることが意思決定支援のすべてではなく、後見人等にとって、本人の意思決定支援を踏まえた後見等の事務を行ううえで参考にされ、活用されることを期待するものであるとされている。

本ガイドラインの概要は次のとおりである。

②意思決定支援とは

(ア) 後見人等による意思決定支援の内容

意思決定支援とは、特定の行為に関し本人の判断能力に課題のある局面において、本人に必要な情報を提供し、本人の意思や考えを引き出すなど、後見人等を含めた本人に関わる支援者らによって行われる、本人が自らの価値観や選好に基づく意思決定をするための活動をいう。

意思決定支援は、本人の意思決定をプロセスとして支援するものであり、そのプロセスは、本人が意思を形成することの支援（意思形成支援）と、本人が意思を表明することの支援（意思表明支援）を中心とする。なお、形成・表明された意思をどのように実現するかという意思実現支援については、意思決定支援には直接含まれていないが、後見人等による身上保護の一環として実践されることが期待されるとしている。

後見人等による意思決定支援は、あくまで後見等の事務の一環として行われるものである以上、後見人等が直接関与して意思決定支援を行うことが求められる場面は、原則として、本人にとって重大な影響を与えるような法律行為及びそれに付随した事実行為の場面に限られるとし、本人にとっての影響の大小を基準としている。例えば、①施設への入所契約など本人の居所に関する重要な決定を行う場合、②自宅の売却、高額な資産の売却等、法的に重要な決定を行う場合、③特定の親族に対する贈与・経済的援助を行う場合など、直接的には本人のためとは言い難い支出をする場合などが挙げられている。ただし、これ以外における意思決定支援に関しても、後見人等としての関与が求められる。

本人にとって重大な影響を与える法律行為及びそれに付随する事実行為に関して意思決定を行う場面において、後見人等に求められるのは、本人の意思決定のプロセスを丁寧に踏むという意識及びそのプロセスに積極的に関わるということである。具体的には、後見人等は、①支援チームの編成と支援環境の調整、②本人を交えたミーティングの場面において重要な役割を担うことになるとされる。後見人等における本人の意思決定支援は、支援チームのメンバーとともに、本人を交えたミーティングを開催することによって行われることになる[146]。ミーティングは必ずしも１回とは限らず、本人の意見や反応次第では、支援チームのメンバーや開催方法等を再検討して複数回開催することも考えられる。ミーティングでは、本人の置かれている状況を、本人の特性を踏まえつつ分かりやすく説明するとともに、課題となる意思決定事項に関連する本人の意思や考えを引き出すことができるよう最大限努力することが求められる。加えて、本人の意思や考えを踏まえつつ、現在の本人が採り得る選択肢を分かりやすく示す。選択肢については、それぞれのメリット・デメリットを説明する必要がある場合もあるが、その際には、殊更に誘導するような説明や、本人の選択を意図的に狭めるような説明、プレッシャーを与える言動のないように配慮する必要がある。このような本人の意思決定支援を行ったうえで、他者からの不当な影響が及ばない状態において、本人が自らの意思を表明できるように支援する。後見人等は、本人の権利擁護をする者として、本人が意思決定の主体として実質的にミーティングに参加できるよう、本人のペースに合わせた進行を主催者・参加者に促していくことが期待される。しかし、後見人等だけで一連の意思決定支援をすべて提供できるものではないため、主催者・

146）本人の思いや意思が反映されやすいチームをすることを意識しつつ、課題に応じて適切なメンバーを選ぶことが重要であり、毎回、メンバー全員が形式的に集まる必要はない。後見人等としても、毎回、形式的に参加する必要はないであろう。

参加者と適宜役割分担をし、チーム全体として意思決定支援のプロセスを展開できるようにすることが大切であるとされる。

もっとも、本人の意思が明らかであり、支援者においても本人の意思に沿うことで異論がないような場合には、このガイドラインのプロセスを必ずしもすべて経る必要があるわけではない。

(イ) 意思決定能力の推定

すべての人は意思決定能力があることが推定されている。意思決定能力とは、支援を受けて自らの意思を自分で決定することのできる能力で

意思決定支援とは

① **意思決定支援の内容**

- 意思形成支援
- 意思表明支援

② **意思決定支援の要素**

意思形成支援

- 本人を交えた支援チームによるミーティング
- 本人の置かれている状況の説明
- 本人の意思や考えを引き出す
- 選択肢の提示（メリット・デメリットの説明）

⇓

意思表明支援

- 他社からの不当な影響が及ばない状態での表明

⇓

意思決定

- 意思決定・意思確認が困難な場合は、代行決定に移行

③ **意思決定能力**

①情報の理解　②記憶保持
③比較検討　④意思の表現

あり、これは、意思能力や行為能力とは異なるものであるとされる。これには、通常、次の４つの要素が必要だと考えられている。①意思決定に必要な情報を理解すること（情報の理解）、②意思決定に必要な情報を記憶として保持すること（記憶保持）、③意思決定に必要な情報を選択肢の中で比べて考えることができること（比較検討）、④自分の意思決定を口頭または手話そのほかの手段を用いて表現すること（意思の表現）。

(ウ) 意思決定支援と代行決定との境界線

後見人等は、本人が自ら意思決定できるよう、実行可能なあらゆる支援を尽くさなければ、代行決定（後見人等が法定代理権に基づき本人に代わって行う決定のことである）[147] に移ってはならない。また、一見不合理にみえる意思決定でも、それだけで本人に意思決定能力がないと判断してはならない[148]。

③代行決定

意思決定支援が尽くされても、どうしても本人の意思決定や意思確認が困難な場合には、代行決定に移行するが、その場合であっても、後見人等は、まず、①明確な根拠に基づき合理的に推定される本人の意思（推定意思）に基づき行動することが基本であるとされる。しかし、②本人の意思推定すら困難な場合、または、本人により表明された意思等が本人にとって見過ごすことのできない重大な影響を生ずる場合には、後見人等は本人の信条・価値観・選好を最大限尊重した、本人にとっての最善の利益に基づく方針を採らなければならない。③本人にとっての最善の利益に基づく代行決定は、法的保護の観点からこれ以上意思決定を先延ばしにできず、かつ、ほかに採ることのできる手段がない場合に限り、必要最小限度の範囲で行われなければならない。④一度代行決定が行われた場合であっても、次の意思決定の場面では、意思決定能力の推

---

147) 意思決定支援は、この代行決定とは区別されるものであるとされる。

148) 本人の決定した意思は、それが他者を害する場合や、本人にとって見過ごすことのできない重大な影響が生ずる場合（例えば、自宅での生活を続けることで本人が基本的な日常生活すら維持できない場合や、本人が現在有する財産の処分の結果として基本的な日常生活すら維持できない場合などである）でない限り、尊重されるものである（厚生労働省「認知症の人の日常生活・社会生活における意思決定支援ガイドライン」参照）。

定から始めなければならない。

すなわち、代行決定をする場面では、本人が自ら意思決定をすることができたとすれば、本人はどのような意思決定をしていたのかをまずは推定する必要がある。そして、後見人等は、本人の権利擁護の代弁者であるという意識を持ち、十分な根拠に基づいて本人の意思推定が行われているか、関係者による恣意的な本人の意思推定が行われていないかどうか等を注視していくことが求められる。

(3) 身上配慮義務とは

後見人等は善良なる管理者の注意義務（善管注意義務）をもって後見等の事務を遂行しなければならない（民876条の10・876条の5・869条・644条）。後見人等は、他人である本人に関する事務を行うものだからである。また、後見人等は、その事務を行うにあたって、本人の心身の状態及び生活の状況に配慮しなければならない（民876条の10第1項・876条の5第1項・858条）。これは、後見人等が本人の身上面について負うべき善管注意義務（民876条の10第1項・876条の5第2項・869条・644条）の内容を具体的に明らかにしたものである。すなわち、この規定は、①後見人等の財産管理についても、本人の「心身の状態及び生活の状況」への配慮を責務としていること、②後見人等の「事務」は法律行為を指すものであるので[149]、「療養看護に関する事務」の内容に事実行為が含まれないことを明確にしているものであるとされる[150] [151]。そして、この規定は、後見人等の善管注意義務の内容を具体的に明らかにしたものにとどまらず、本人の身上への配慮が事務処理の指導原理であることを明示したものであるとされる[152]。

このことから、財産の管理は、身上保護のために行うべきものであり、本人の生活の質の向上のためには積極的に財産を使用することも必

149) 後見人等の事務は、法定代理人として財産上の法律行為をするものである（民876条の9第1項・876条の4第1項・859条1項）。

150) 新井ほか107頁。

151) 小林ほか149-150頁。

152) 同上150頁。

要である[153]。

　また、法はこの規定の範囲で身上保護義務を定めたものと解することができるとする見解がある[154]。これは、民法 858 条は、身上を把握し、身上や財産に関する必要な行為を選択・決定する義務を身上配慮義務とする規定であることを前提としている。後見人等は法律や家庭裁判所の審判により付与された権限の下に、本人の心身の状態に応じて適宜必要な法律行為などを選択し、決定して行うものであるので、本人の心身の状態や生活の状況を把握していない限り、その事務を適切に遂行することができないからである。そして、この規定から、本人に対する見守り義務（本人を訪問して心身の状態や生活の状況を確認すること）も生ずることになるとする[155]。

5. 家庭裁判所への報告

　家庭裁判所は、後見人等に対する事務の監督のために、定期的に後見等事務の報告を求めている（民 876 条の 10 第 1 項・876 条の 5 第 2 項・863 条 1 項）。実務では、家庭裁判所は、年 1 回の事務報告を求めており、後見人等の選任の際に報告書の提出期限を指定している。後見人等は、これに従って報告書を提出することとなる。この報告書には、財産目録、収支予定表、財産状況が分かる資料（預金通帳の写しなど）を添付する扱いになっている（民 876 条の 10 第 1 項・876 条の 5 第 2 項・863 条 1 項）。

153) 新井ほか 108 頁。
154) 同上。
155) 新井ほか 108 頁。

6. 後見等の類型の変更

本人の判断能力の状態に変動があり、支援すべき内容が変わった場合には、後見人等は、それに従って別の類型の成年後見制度の開始の申立てをしなければならない。身上保護（民876条の10第1項・876条の5第1項・858条）から生ずる義務である[156)]。例えば、保佐類型である本人の判断能力が、それを欠く常況になった場合には、後見類型に移行させなければならない。本人の判断能力の状態の変動についての判断には、医師の診断書が重要な資料となろう。補助・保佐の類型においては、上述した代理権・同意権の追加や同意権の拡張では、本人の利益の保護が不十分な状況になった場合には、類型の変更をすることになろう。

後見人等は、後見等の原因がなくなったときは、家庭裁判所に対し、後見等開始の審判の取消しを申し立てることとされており（民18条1項・14条1項・10条）、また、後見人等には、別の類型の後見等開始の審判を申し立てることができるとされている（民15条1項・11条・7条）。このように、後見等の類型を変更するには、現在の類型における開始の審判（例えば、保佐開始の審判）の取消しと、変更後の類型における開始の審判（例えば、後見開始の審判）の申立てをする必要がある。

7. 変更事項の申告

本人や後見人等の住所の変更、補助人・保佐人の代理権の追加、後見等の類型の変更など、後見等に関する事項について変更があった場合には、関係機関（金融機関、居宅介護支援事業所、訪問介護事業所、訪問看護事業所、介護施設など）に対して、その旨を申告することになる。本人や後

156) 同上126頁。

見人等における事項について変更があったにもかかわらず、その旨を申告しておかないと、関係機関からの郵便物が届かない、連絡が受けられないといった不都合が生じ、本人の権利擁護に支障をきたすおそれがある。特に、継続的に取引・連携をする関係機関（前者は、金融機関など。後者は、居宅介護支援事業所、訪問介護事業所、訪問看護事業所、介護施設など。）に対しては、後見等に関する事項について変更があった場合には、速やかに、その旨を申告することが望ましいと考えられる[157)]。

後見等に関する事項について変更があった旨を、関係機関に申告するには、変更後の後見等の登記事項証明書（後見登記 10 条 1 項）を提示してすることになる。

8. 後見人等の責任

(1) 本人に対する責任

後見人等は、後見等の事務を行うにつき善管注意義務を負っているので（民 876 条の 10 第 1 項・876 条の 5 第 2 項・869 条・644 条）、この義務に違反し、本人に損害が生じた場合には、後見人等はその賠償をしなければならない[158)]。例えば、後見人等が相当な価格よりも低い価格であることを認識しながら、あるいは相当な注意をすれば認識し得るのに注意を怠って本人所有の不動産を売却した場合である。この場合には、相当な価格との差額について賠償する責任を負う。

157) 小林ほか 121 頁。

158) この責任の性質については、債務不履行責任（民 415 条）とする説と不法行為責任（民 709 条）とする説がある（新版注民（25）456 頁）。前者は、後見人等と本人との関係を後見人等が本人のための事務処理をする点で委任契約に類するものであることを根拠とする。後者は、後見人等と本人との関係は一種の身分関係にあることを根拠とする。両者においては、消滅時効や立証責任などで差異が生じる。

(2) 第三者に対する責任

後見人等は、原則として、本人に対し、不法行為における責任無能力者の法定監督義務者（民714条1項本文）の立場にはない[159]。後見人等はその事務を行うにあたって「本人の心身の状態及び生活の状況に配慮しなければならない（身上配慮義務）」（民876条の10第1項・876条の5第1項・858条）とされているのは、法律行為を行う際に本人の身上について配慮すべきことを求めるものであって、事実行為として本人の現実の介護を行うことや本人の行動を監督する必要はないからである。そのため、後見人等は、本人が第三者に与えた損害を賠償する責任を負わない。

ただし、本人の監督義務を引き受けたとみるべき特段の事情が認められる場合には、衡平の見地から法定監督義務者と同視して同条項に基づく損害賠償責任を負うことがある[160]。法定監督義務者と同視されるか否かは、後見人等自身の生活状況や心身の状況などとともに、本人との親族関係の有無・濃淡・同居の有無その他の日常的な接触の程度など諸般の事情を総合考慮して、監督することが可能かつ容易であるなど衡平の見地から後見人等に対し本人の行為に係る責任を問うのが相当といえる客観的状況が認められるか否かという観点から判断すべきとされる[161]。例えば、家族的な共同生活を営んでいる場合であるが、具体的な事情を考慮して判断されることになろう。法定監督義務者と同視されるか否かは、後見人等が本人の監督義務を引き受けるべきとみるべき特段の事情が認められるか否かではなく、引き受けたとみるべき特段の事情が認められるか否かで判明される。したがって、本人の監督義務を引き受けなければ損害賠償責任を負わないが、引き受けた場合には損害賠償責任を負うことになる。

このことからすると、第三者後見人が法定監督義務者と同視されることは、基本的にはないであろう（第三者後見人が本人の監督義務を引き受けることは想定しにくいといえる）。

159) 最判平成28（2016）年3月1日民集70巻3号681頁。
160) 前掲最判平成28年3月1日。
161) 前掲最判平成28年3月1日。

9. そのほかの留意事項

(1) 親族への対応

第三者の後見人等が後見等の事務を行うにあたり、本人の親族と関わることがある。後見人等が本人の親族と信頼関係を築くことは、本人の権利擁護にとって有益なこともあるため、後見人等は本人の親族とできる限り良好な関係を保つことが重要である。しかし、親族の中には、後見人等に対して、後見等の事務に属さない行為まで要求してくることがある。特に、本人の財産状況など本人に関する情報を尋ねられたときに、どのように対応するのかによって、親族からの信頼を失い、本人への支援を得られなくなるなど、本人の不利益になってしまうおそれがある（特に、音信不通だった親族から連絡があった場合には要注意である）。

ただ、後見人等には守秘義務があると考えられることからも情報の開示義務はないことは明らかであり[162]、また、親族といっても、本人との関係性（推定相続人か否か）や関わり方（定期的に本人を支援する事実行為をしているのか、たまに本人と連絡をとる程度の関わりであるのかなど）は様々であり、いろいろなケースがある。情報開示については、推定相続人に対しては、本人の死亡時に情報を開示することになるので、開示しないことが、その推定相続人による本人への支援に支障が生じて本人の不利益になるような場合には、情報開示をすることが後見人等として許容されると考えられる。これに対し、推定相続人以外の親族に対しては、原則として、情報開示は控えるべきであるが、その親族が定期的に本人の世話をしている場合や、入院や入所のときに保証人になっている場合に、情報開示を拒むことでこれらの協力が得られなくなり、本人の不利益となってしまうようなケースでは、情報開示をすることは後見人

162)（公社）成年後見センター・リーガルサポート編「成年後見教室―実務実践編（３訂版）」（日本加除出版、2013年）74頁。

等として許容されるであろう。後見人等の目指すところは本人の利益の保護であるから、開示しないことにより本人の利益を阻害することは避けなければならない[163]。

情報開示以外の要求に対しても、後見人等は本人の権利擁護のために財産管理を行っており、親族の便宜のために後見等の事務を行っているわけではないことを、常に認識しながら対応することが求められる。そのため、親族とは一定の距離を保って接することを心がけておく必要がある。

(2) 事務を行うことができなくなった場合の対応

後見人等は、正当な事由があるときは、家庭裁判所の許可を得て、辞任することができる（民876条の7第2項・876条の2第2項・844条）。これは、家庭裁判所は、本人のために公的な立場で後見等の事務を行う者としての適格者を後見人等に選任しているのであるから、後見人等が自由に辞任してしまうと、本人の権利擁護に支障をきたしてしまうことから、正当な事由がある場合に限り、家庭裁判所の許可を得て辞任することができるとしている。後見人等の職務は、社会的公益的責任があるとされている[164]。

そのため、後見人等が病気などで後見等の事務を行うことができなくなった場合には、家庭裁判所に対し、辞任の申立てをすることになる。それによって後見人等が不在となる場合には、辞任の申立てをする際に、家庭裁判所に対し、後任の後見人等を選任する申立てをしなければならない（民876条の7第2項・876条の2第2項・845条）。後見人等が不在となって、本人に不利益が生じないようにするためである。

「正当な事由」に該当するかどうかの判断は、家庭裁判所に委ねられている。例えば、後見人等が病気や高齢により後見等の事務を行うことが難しくなった場合、後見人等または本人が遠隔地へ転居して、後見等

163) 同上。

164) 新版注民（25）318頁。

の事務を処理するのに支障をきたすようになった場合、弁護士や司法書士などの第三者後見人等が、弁護士や司法書士の業務を廃業した場合などである。

なお、後見人等が海外出張や怪我などで短期的に後見等の事務を行うことができなくなった場合には、履行補助者の活用や当面必要な事項につき復代理人を選任する方法も考えられる。しかし、本人の公的な立場で後見等の事務を行う者として後見人等が選任されていることからも、後見等の事務を行うことができない期間だけ、ほかの後見人等を追加選任して複数の後見人等を利用するという方法もある[165)]。また、後見等の事務に支障をきたさないように、家庭裁判所にも報告し対処する方法について協議する必要がある。

後見人等がその任務を辞任するには、後見等開始の審判をした家庭裁判所に対し、辞任の申立てをする必要がある（家事136条2項・128条2項・117条2項・別表一42・23・4）。審理の対象は、辞任の正当事由の有無であるが、後見等の事務の遂行の状況や適切な後任の後見人等が得られるかどうかについても審理される[166)]。後見人等の辞任許可の審判または申立てを却下する審判に対しては、いずれも不服申し立てが許されていない（家事85条1項・141条1項・132条1項・123条1項）。したがって、辞任許可の審判は告知によって直ちに効力を生じることになる（家事74条）[167)]。後見人等の辞任許可の審判が効力を生じたときは、裁判所書記官は、遅滞なく、登記所に対し、後見人等の辞任の登記を嘱託しなければならない（家事116条・別表一42・23・4、家事規77条1項4項5項）。

---

165) （公社）成年後見センター・リーガルサポート編「成年後見教室―実務実践編（3訂版）」（日本加除出版、2013年）78頁。

166) 新版注民（25）320頁。

167) 新版注民（25）320頁。

第4章
後見監督人等

1. 後見監督人等の選任

家庭裁判所は、必要があると認めるときは、本人、その親族、後見人等の申立てにより、または職権で、補助監督人・保佐監督人・後見監督人（以下「後見監督人等」という）後見監督人等を選任することができる（民876条の8第1項・876条の3第1項・849条)。「必要があると認めるとき」とは、家庭裁判所が、個々の事案ごとに諸般の事情を総合的に考慮して、後見監督人等の選任による監督態勢をとることが本人の保護や自己決定の尊重にとって望ましいと判断する場合をいう[1)]。具体的には、①親族間に意見の対立がある場合、②流動財産の額や種類が多い場合、③不動産の売却や相続により多額の流動資産を取得することが予定されている場合、などである。

後見監督人等を選任するには、①本人の心身の状態、生活・財産の状況、②後見監督人等となる者の職業・経歴・本人との利害関係の有無、③本人の意思（自己決定の尊重の観点から、本人の意見を考慮すべきものとされる（家事139条1項4号・130条1項5号・120条1項3号))、④その他一切の事情（例えば、後見監督人等の候補者と後見人等との利害関係の有無、後見監督人等の心身の状態・財産の状況、後見監督人等の候補者の意見（家事139条2項2号・130条2項2号・120条2項2号）などが考えられ

1) 新井ほか137-138頁。

る[2)]）、を考慮しなければならない（民876条の8第2項・876条の3第2項・852条・843条4項）。

後見人等の配偶者・直系血族・兄弟姉妹は、後見監督人等となることができない（民876条の8第2項・876条の3第2項・850条）。これは、監督を受ける後見人等の近親者が後見監督人等に就任したとしても、後見監督人等により適切な監督がなされないおそれがあるからである。

また、①未成年者、②家庭裁判所で免ぜられた法定代理人・保佐人・補助人、③破産者（復権を受けない者）、④本人に対して訴訟をし・訴訟をした者・その配偶者・直系血族、⑤行方の知れない者は、後見監督人等となることができない（民876条の8第2項・876条の3第2項・852条・847条）。

実務では、弁護士や司法書士等の法律実務家や社会福祉協議会などの福祉の専門家を後見監督人等に選任するケースがほとんどである[3)]。これは、親族から後見監督人等の適任者を探すことが困難であること、後見監督人等は申立人や後見人等と利害関係のない第三者が選任されることが望ましいことが要因であると考えられる[4)]。また、家庭裁判所の職権により、後見監督人等が選任されるケースが多いように思われる。家庭裁判所による監督権限が機能する場面であるといえる。

後見監督人等を選任する審判に対しては、不服申し立てをすることができない（家事123条）。

---

2) 同上140頁。

3)「概況」によると、令和4年の後見等開始事件のうち、後見監督人等が選任されたものは、全体の約3.4％であったとされ、後見監督人等が選任されること自体が少ない。後見監督人等が選任されたもののうち、弁護士が選任されたものは、全体の約48.8％、司法書士が選任されたものは、全体の39.1％、社会福祉協議会が選任されたものは、全体の約8.0％、社会福祉士が選任されたものは、全体の約0.6％であったとされる。

4) 新井ほか142頁。

2. 後見監督人等の職務

(1) 後見人等の事務を監督すること

後見監督人等の主な職務は、後見人等の事務が適正に行われているかどうかを監督することである（民876条の8第2項・876条の3第2項・851条1号）。その監督を実効的なものにするため、後見監督人等には次のような権限が認められている。

①事務報告・財産目録の提出の請求、財産状況の調査

後見監督人等は、いつでも、後見人等に対し後見等の事務報告や財産目録の提出を求めたり、後見等の事務や本人の財産状況を調査したりすることができる（民876条の10第1項・876条の5第2項・863条1項）。

②必要な処分を命ずることの請求

後見監督人等は、家庭裁判所に対し、本人の財産の管理その他後見等の事務について必要な処分を命ずるよう請求することができる（民876条の10第1項・876条の5第2項・863条2項）。

③成年後見人の行為への同意

成年後見人が、本人に代わって営業や民法13条1項各号に掲げる行為（同項1号の元本の受領は除く）をするときは、成年後見監督人の同意を得なければならない（民864条）。これは、成年後見監督人による監督を実効的なものとするため、成年後見人の法定代理権に制限を加えるものである[5]。なお、この規定は、補助監督人・保佐監督人には準用されていない。これは、補助類型・保佐類型の場合は、後見類型とは異なり、補助人・保佐人に代理権を付与するには、本人の同意を要するから

5) 同上145頁。

である。

④後見人等の解任請求

後見監督人等は、後見人等にその任務に適しない事由があるときは、家庭裁判所に対し、その解任を請求することができる（民876条の8第2項・876条の3第2項・846条）。

(2) 後見人等が欠けた場合に、その後任者の選任を請求すること

後見監督人等は、後見人等が欠けた場合には、遅滞なく後任の後見人等の選任を家庭裁判所に請求しなければならない（民876条の8第2項・876条の3第2項・851条2号）。この場合、本人を保護する者がいなくなってしまうからである。後見人等が欠けた場合とは、辞任（民844条）・解任（民846条）・欠格事由の発生（民847条）・死亡などである。

(3) 急迫の事情がある場合に、必要な処分をすること

後見監督人等は、急迫の事情がある場合に、必要な処分をしなければならない（民876条の8第2項・876条の3第2項・851条3号）。急迫の事情がある場合とは、後見人等が病気などによりその事務を行うことができず、本人の保護のために一定の処分をすべき緊急の必要に迫られている場合である[6]。必要な処分とは、時効の完成猶予・更新、本人に不利益な契約の取消しなどである。

なお、補助監督人・保佐監督人の場合には、その権限の行使は、補助人・保佐人に付与された権限の範囲に限られる。補助監督人・保佐監督人の場合は、あくまで補助人・保佐人に付与された権限を代行するものであることから、補助人・保佐人の有する同意権・取消権・代理権の範囲を超える処分をすることができないからである[7]。例えば、補助人・保佐人に付与された代理権に、預貯金の管理に関するものがあるものの、本人の所有する不動産の処分に関する代理権が付与されていない場

6) 新井ほか145頁。
7) 小林ほか203頁。

合には、補助監督人・保佐監督人が、急迫の事情があるとして本人の所有する不動産の処分をすることはできない。

(4) 利益相反行為をする場合に、本人を代理すること

後見監督人等は、後見人等またはその代表する者と本人との利益が相反する行為について、本人を代理することになる（民876条の8第2項・876条の3第2項・851条4号）。例えば、被相続人が死亡し、後見人等と本人が共同相続人として遺産分割協議をする場合、後見人等が共同相続人と本人の代理人を兼ねることになると、後見人等は本人の利益より自己の利益を優先するおそれがあるため、利害関係のない後見監督人等が本人を代理して遺産分割協議をすることになる。また、補助監督人・保佐監督人の場合には、補助人・保佐人またはその代表する者と本人との利益が相反する行為について同意をするには、補助監督人・保佐監督人が本人に同意を与えることになる（民876条の8第2項・876条の3第2項・851条4号）。

なお、後見監督人等のない場合には、後見人等は、家庭裁判所に対し、臨時補助人・臨時保佐人・特別代理人の選任の申立てをしなければならない（民876条の7第3項・876条の2第3項・860条・826条）。

3. 後見監督人等の善管注意義務

後見監督人等は、その職務を行うにあたって、選任された趣旨に従い、善良なる管理者の注意義務をもって、監督事務を行う義務を負う（852条・644条）。これは、後見監督人等と本人との関係は、家庭裁判所による選任の審判が契機となっているが、本人のために後見人等の監督を行うという一種の法定委任関係にあるため、民法上の委任における受任者と同様に、善管注意義務を負うこととされているのである[8)]。

8) 新井ほか144頁。

4. 後見監督人等の機能

後見監督人等には、その機能に着目することにより、次のような類型に分類することができるとされている[9]。

(1) 課題解決型

後見人等と本人との人的関係や、今後予定される後見人等の事務により適正な事務の遂行に問題が生ずるおそれがあるときに、これを解決することを目的として後見監督人等が選任される類型である。ただし、後見監督人等が選任されず、特別代理人の選任により解決する場合がある。

例えば、後見人等と本人との間に利益相反状況（両者が共同相続人で遺産分割を行うなど）がある場合、後見人等による本人所有の不動産の売却につき、その適正な売却と、その後の適正な財産管理を担保することが必要な場合などである。

(2) 助言・指導型

後見監督人等による後見人等に対する細かな助言・指導により、後見人等の事務が適正に行われるようサポートすることを目的として、後見監督人等が選任される類型である。

例えば、親族が後見人等であることに現在は問題ないが、将来的に本人の財産が多額・複雑となる場合、親族後見人等の事務に一定の不安が感じられることから（例えば、不必要に多額の預貯金を現金化した場合、口座名義を本人から後見人等の名義に変更した場合、後見人等の財産との区別がついていない場合など）、親族後見人等の能力を補充する場合などである。

(3) 不祥事防止・是正型

後見人等の事務の適正が疑われる状況があるときに、後見人等の不祥

9) 同上 139 頁。

事を防止し、または、後見人等の事務の是正を目的として後見監督人等が選任される類型である。

例えば、後見人等の事務の適正が疑われる状況にあるため、家庭裁判所が後見人等の解任も視野に入れて、後見監督人等にその事務の調査を委ねて、その結果をみて解任を判断する場合などである。

以上のように分類できるが、必ずしも一つの類型だけに当てはまるものではなく、複数の類型に当てはまる混合型もあり、また、状況の変化により、ほかの類型に移行することもある。

第５章
後見等の終了

1. 終了事由

後見等は本人が死亡したときに終了する（民 111 条 1 項 1 号）。成年後見制度は本人の存在を前提としているからである。後見等の開始事由が消滅したことによる後見等開始の審判が取り消されたとき（民 18 条 1 項・14 条 1 項・10 条）にも、後見等は終了する。このように、後見等それ自体が終了する場合を「絶対的終了」という。

また、①後見人等の死亡（民 111 条 1 項 2 号）、②辞任（民 844 条）、③解任（民 846 条）、④欠格事由の発生（民 847 条）の場合には、後見等それ自体は継続する必要があるが、当該後見人等と本人との関係では、後見等は終了する。このように、後見等それ自体は終了しないが、当該後見人等と本人との関係では後見等の法律関係が終了する場合を「相対的終了」という。

後見等が終了した場合には、終了後の事務を遂行することになる。

2. 終了後の事務

(1) 家庭裁判所への報告

本人の死亡など、家庭裁判所が後見等の終了の事実を知らない場合には、家庭裁判所に後見等が終了した旨を報告する。家庭裁判所に本人の死亡により後見等の終了を報告する際には、死亡診断書の写しや死亡の記載のある戸籍謄抄本の写しを提出する。

(2) 終了の登記

後見人等は、本人の死亡を知ったときは、東京法務局に対して後見等の終了の登記を申請しなければならない（後見登記 8 条 1 項）。この場合には、「登記申請書（終了）」と併せて、死亡診断書の写しや死亡の記載のある戸籍謄抄本の写しを提出する。ただし、法務局で住民基本台帳ネットワークを利用して死亡の確認をすることができるときは、死亡診断書等の写しの提出は不要である。また、手数料は無料である。なお、「登記申請書（終了）」は、東京法務局のウェブサイトからダウンロードして使用することができる。

裁判所書記官は、後見等の審判の取消しの審判がなされた場合は、終了の登記を嘱託しなければならない。（家事 116 条、家事規 77 条 1 項 1 号）。

後見人等の死亡、欠格事由の発生、辞任、解任などの相対的終了の場合には、新たに後見人等の選任審判がなされ、裁判所書記官の嘱託により、その旨の登記がなされる（家事 116 条、家事規 77 条 1 項 2 号 4 号 5 号）。

(3) 相続人の調査

本人の死亡により後見等が終了した場合には、後見人等は、本人の死亡後に後見等の管理の計算をした結果を相続人に対して報告し、管理していた相続財産を引き渡す必要がある。その際に相続人の調査が必要になり、そのために戸籍謄本等を取得して調査することになる。

本人の死亡後に、第三者の後見人等が相続人の調査をするには、後見等の登記事項証明書（終了登記の申請をした場合は、閉鎖登記事項証明書（後見登記８条１項・９条・10条３項２号））、本人確認書類（運転免許証、弁護士会・司法書士会などの会員証など）を添付して、戸籍謄本等の交付請求をすることになる（戸10条の２第１項３項・10条の３・10条の４）。

これに対し、後見人等が、本人の生前に推定相続人の調査のために戸籍謄本等の交付請求をしても、その対象が本人の兄弟姉妹の場合には交付を拒否されることが多いようである。これは、後見人等がする戸籍謄本等の交付請求については、本人の代理人としての行為であるから、本人が生存している場合には、戸籍法10条に基づき、戸籍謄本等の交付請求の範囲を本人、配偶者、直系尊属、直系卑属に限定しているためであると考えられる[1)]。また、第三者の後見人等が戸籍謄本等の交付請求をする場合には、「正当な理由」がなければならないところ（戸10条の２第１項３号）、推定相続人の調査はこの「正当な理由」に該当しないものとして扱われているためである。これは、推定相続人の調査が後見人等の権限や義務ではないからであろう。

相続人の調査には時間を要することもあり、この場合には、相続人への報告や相続財産の引継ぎまでに時間がかかってしまう。そのため、後見人等において相続財産を管理する負担が生じることや、後述のような死後事務の必要性が生じるなどの問題の発生が懸念される。しかし、生前に推定相続人の調査はできないことから、現状では、本人が死亡してから戸籍謄本等を取得して相続人を調査することになる。後見人等において推定相続人の調査をすることができるようになることが望まれる。

(4) 後見等の計算

次に、後見人等の任務が終了したときから２ヶ月以内に、後見等の計算をしなければならない（民876条の10第２項・876条の５第３項・870条本文）。後見等の計算とは、後見等の期間中の収支決算を明らかにして、後見等の終了時における本人の財産を確定し、その結果を権利者に

---

1) 松川正毅編「新・成年後見における死後の事務」（日本加除出版、2019年）201頁。

報告することをいう。これは、後見等の事務の執行に関して生じた本人の財産の変動および現状を明らかにすることを目的とするものである[2)]。この後見等の計算は、終了に際しての後見人等の義務であると考えられている[3)]。

この後見等の計算は、後見人等の任務の終了を契機として行われるものであることから、その原因は絶対的終了と相対的終了のどちらであるかを問わない。そのため、補助・保佐の場合において、財産行為についての代理権を付与する審判が取り消されると、補助・保佐が終了していなくても、その取消しの審判から2か月以内に、財産行為の事務に関する計算をしなければならないことになる[4)]。

後見監督人等がある場合は、その立会の下で後見等の計算をしなければならない（民876条の10第2項・876条の5第3項・871条）。

後見等の計算の期間は2か月以内であるが、管理財産の種類が多いなど、2か月以内にこの計算を終了させることが困難な場合には、家庭裁判所に対し、期間伸長の申立てをすることができる（民876条の10第2項・876条の5第3項・870条、家事117条2項・別表一54・35・16）。

後見等の計算が終了したら、権利者に対して、その結果を報告する。本人の死亡の場合は、相続人または受遺者に報告する。それ以外の場合には、本人または後任の後見人等に報告する。権利者が複数ある場合には、そのうちの1人に対して報告すれば足りると考えられている[5)]。これは、管理の計算を報告する義務は、その性質上不可分であるので、権利者が複数ある場合でもその1人に対して報告をすれば足りるからである（民428条・432条）。

また、家庭裁判所に対しても、前回の後見等の事務報告から死亡時までの事務や財産状況について報告することになる（民863条）。

親族以外の後見人等は、この段階で報酬付与の申立てをすることになる。その申立てに対してなされた報酬付与の審判に基づいて、本人の財

---

2) 新井ほか151頁。
3) 新基本法親族328頁。
4) 新井ほか152頁。
5) 前掲松川編203頁。

産から報酬を受領することになる（862条）。しかし、この報酬をどのように受領するのかが問題である。後見等の終了により、後見人等の財産管理権が消滅しているため、終了後に保管している財産から支出する（預金から報酬を払い出すことなど）法的根拠が不明瞭だからである[6)]。実務では、本人の死亡後における報酬付与の審判により決定された報酬の支払義務は、相続債務（民885条）に含まれることから、管理している本人の財産（現金や預金）から受領することができると考えられている（第６章２（5）参照）。立法的解決が望ましい。

(5) 管理財産の引渡し

①相続人への財産の引渡しの問題点と対処方法

後見等が終了したことにより、本人の財産を保管する権限を失うため、相続人に対して管理している財産を引き渡さなければならない。それまでは、後見人等が事務管理（民697条）または善処義務（民654条）の一環として、事実上財産を保管することになる。しかし、共同相続の場合に、遺産分割協議がなされていないときは、誰に引き渡しをすべきかが問題となる。理論的には、共同相続人は相続財産については共有関係にあり（民898条）、各共有者は単独で保存行為をすることができるので（民252条５項）、引き渡すべき物が可分なものであれば法定相続分に応じた割合で引き渡し、不可分なものであれば共有者の一人に引渡しをすれば足りるということになる。しかし、このような対応は、後日ほかの相続人との関係でトラブルに発展するおそれがある。

そこで、実務では、相続人とのトラブルを回避するため、相続人全員に相続財産を引き渡す旨の通知をし、日時と場所を決めて呼び出し、相続人全員の合意のもとに、引継書と引き換えに引渡しをするのが、最も穏当な方法とされている。相続人全員が集まれない場合は、相続人全員で引渡しを受ける者を決めてもらい、その者に引渡しをするという方法で行われることがある。しかし、このような方法によると、相続人が多数であるため相続人の調査が長引く場合、相続人の一部と連絡がとれな

6) 新井ほか153頁。

い場合、相続人間で引継ぎについての協議が調わない場合などには、いつまでも財産の引渡しができない状態が続くことになってしまう[7)]。

このほか、相続人全員の合意を得ることが望めないような場合には、相続人全員に財産の引継ぎの方法についての意見書を送付し、その返信をもって相続人の意見とし、その意見を総合的に考慮して引渡しの方法を決めて、相続人全員にその旨の通知をしてから、その決められた方法で引渡しをするという方法もある。ただし、その方法が、相続人の意思に反することが明らかな場合には、家庭裁判所に対し、相続財産管理人選任の申立てをし、選任された相続財産管理人に財産の引渡しをすることになる（民897条の2）。この場合、相続財産管理人は、家庭裁判所に対し、遺産分割調停の申立てをすることになろう（民907条2項）。なお、相続人の所在が不明であるときや連絡が取れないときは、相続人の意思に反することが明らかな場合には当たらない。

要は、相続人とのトラブルを回避するために、どこまで対処するかということに尽きると思われる。財産の引渡しをする方法は重要だが、相続人の一人が勝手に財産を処分することができないようにして引渡しをすることも大事である。

②財産の引渡方法

(ア) 預貯金

預貯金については、金融機関に対して本人が死亡した旨の届出をしてから引き渡しをすべきである。預貯金は遺産分割の対象となる財産であるため[8)]、金融機関に対して本人が死亡した旨の届出をしておけば、相続手続をしない限り、金融機関はその預貯金について取引に応じないので、相続人の1人により預貯金の払い出しをされる可能性がなくなるからである。金融機関に対して本人が死亡した旨の届出をしておかないと、相続人の1人により預貯金の払い出しをされる可能性があるので、注意を要する（なお、遺産分割前における預貯金債権の行使につき、民909条

---

7) 前掲松川編205頁。
8) 最大決平成28（2016）年12月19日民集70巻8号2121頁。

の２参照)。

(イ) 現金

現金については、遺産分割の対象となるが、事実上、相続人の１人により処分することができる可能性があるので、管理している本人名義の預金口座に入金しておくべきである。

(ウ) 不動産

不動産については、土地の場合は、相続登記をして相続人の名義にしない限り、処分をすることができないため、相続人に財産目録を交付すれば足りるであろう。建物の場合も同様で、相続人に財産目録と鍵を交付すれば足りるものと考えられる。相続人の１人に鍵を引渡したとしても新たな所有権の侵害とはいえないからである[9]。

ただ、建物内にある動産を相続人の１人が持ち出して処分した場合などにはトラブルとなる可能性があるため注意が必要である。この点について、実務上、財産目録に記載し、写真を撮るなどして、動産の内容を後で確認することができるようにしたうえで、引き渡すという方法が提示されている[10]。しかしながら、動産の種類や数量が多い場合には、この方法では多大な時間と労力を費やすことになってしまい現実的ではない。そこで、本人の生前に動産を整理しておくとよいであろう。具体的には、換価が可能なものであれば換価処分して現金を預貯金に預け入れておく。換価が不可能なものや無価値なものであれば、廃棄処分をする。このようにして、本人の生前に建物内の残置物を撤去しておくのである。補助人・保佐人については、本人の動産の処分について代理権が付与されている場合であれば、この方法により対応することができる。

③相続人への引渡しが困難な場合等

相続人間で争いのある場合には、相続人の１人により遺産分割調停（または審判）の申立てをするという方法がある（民907条２項、家事244条・別表②二12)。しかし、この方法では時間がかかる場合が多い。そこ

---

9) 前掲松川編206頁。
10) 同上208頁。

で、審判前の保全処分として財産管理人の選任の申立てをして（家事105条・106条1項・200条1項）、選任された財産管理人に対して財産を引き渡すという方法もある。ただ、この方法によるには、相続人の1人が遺産分割調停の申立てをしなければならないため、どの相続人もこの申立てをしない場合には、この方法により財産を引き渡すことができない。そこで、このような場合には、後見人等は、利害関係人として、家庭裁判所に対し、相続財産管理人選任の申立てをし（民897条の2第1項）、選任された相続財産管理人に対して、財産を引き渡すという方法によるのがよいであろう。

なお、法定相続人が存在しない場合や、法定相続人全員が相続放棄した場合には、家庭裁判所に相続財産清算人の選任の申立てをして、そこで選任された相続財産清算人に管理している財産を引き渡すことになる（民952条1項）。

本人の死亡による後見等の終了後の事務

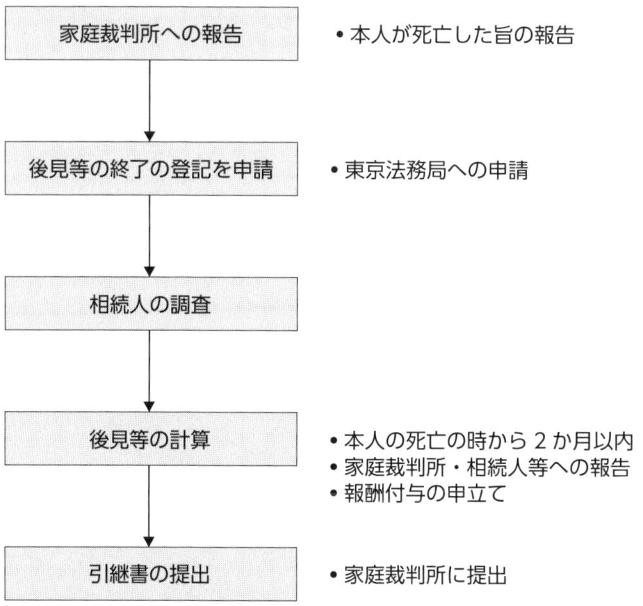
家庭裁判所への報告
• 本人が死亡した旨の報告
後見等の終了の登記を申請
• 東京法務局への申請
相続人の調査
後見等の計算
• 本人の死亡の時から2か月以内
• 家庭裁判所・相続人等への報告
• 報酬付与の申立て
引継書の提出
• 家庭裁判所に提出

④財産引渡後の事務

このような流れで、相続人等に対して管理している財産の引渡しをして、引継書を家庭裁判所に提出することにより、後見人等の事務は終了となる。

本人が生前負担していた支払義務や、遺体の引き取り、葬儀の手配等については、相続人等が対応することが原則であるが、実務上は多くの問題が孕んでいる（**第５章3.** 参照）。

3. 死後の事務

(1) 問題点

本人が死亡した場合において、後見人等の主な事務は、後見等の事務の計算とその報告、そして相続人に管理財産の引継ぎをすることである。本人の死後の法的な処理は、相続関係の問題として扱われる。したがって、死後の財産管理や処分は、相続人がすべき事務であり、後見人等の事務に含まれないのが原則である。例えば、施設の利用料や入院費などが未払いであっても、後見人等が管理財産から支払う必要はない。後見人等が管理財産を相続人に引き渡して、そこから相続人が支払うことになる。葬儀費用についても同様に後見人等が管理財産から支払う必要はない。

しかし、実際には、本人に身寄りがなかったり、相続人が引渡しを拒んだりして、相続人への管理財産の引渡しに時間がかかってしまうケースがある。このようなケースでは、事実上、後見人等が対応せざるを得ないのである。例えば、支払時期が到来している施設の利用料や入院費等の支払いをすること、入居していた施設の部屋や入院している病院の病室の明渡しをすることなどである。このようなケースでは、後見人等は、相続人のためにその事務の管理をしたり（民697条）、必要な処分をしたりすることになる（民876条の10第２項・876条の５第３項・852条・

654条)。

(2) 死後事務と事務管理

事務管理とは、義務なく他人の事務の管理をすることをいう。その行為が事務管理に該当する場合には、事務管理をした者(管理者)が本人のために有益な費用を支出したときは、本人に対し、その費用の償還を請求することができる(民702条1項)。また、管理者が本人のために債務を負担したときには、本人に対し、自己に代わってその債務の弁済をするように請求することができる(民702条2項・650条2項)。しかし、管理者は、本人に対し、報酬を請求することはできない。管理者にとって、義務のない事務の管理だからである。

これらのことを、後見人等についてみれば、後見人等が事務管理として入院費等を支払う場合には、自己の財産から支払って、その後、相続人に対し、その償還を請求することになるとする見解がある[11)]。事務管理は、管理者が費用を支出し、それを本人に対し償還請求することを前提としているからである(民702条1項)[12)]。後見人等が葬祭業者と火葬に関する契約をした場合には、相続人に対し、その火葬代を弁済するように請求することができるであろう(民702条2項・650条2項)。後見人等は、事務管理として死後の事務を処理したことについて、報酬を請求することができない。

(3) 死後事務と善処義務

また、急迫の事情がある場合には、後見人等は、相続人が死後事務を処理することができるに至るまで、必要な処分をしなければならない(善処義務。民876条の10第2項・876条の5第3項・852条・654条)。急迫の事情がある場合とは、本人のために事務処理をしなければ本人に不測の損害が生じるおそれがある場合をいう[13)]。例えば、本人の権利が時効により消滅してしまうことを回避するために手続が必要な場合(民147

11) 前掲松川編55頁。
12) なお、相続人全員の同意・追認があれば、管理財産から支払いをすることができると考えられる。
13) 新基本法親族335頁。

条１項・148条１項)、修繕をしなければ家屋が倒壊するおそれがある場合などである。したがって、この善処義務には、法律行為に限られず、事実行為も含まれることになる[14) 15)]。急迫の事情の有無は事実問題であるため、その判断は第一次的には後見人等に任されているが、最終的には客観的に急迫であったのかが問題となる[16)]。しかし、急迫の事情の有無を判断することには困難が伴う。

入院費そのほかの病院費用（死亡診断書作成費用やおむつ代など[17)]）の支払いについていえば、未払いとなれば遅延損害金（民412条・415条１項）が発生することから、本人のために事務処理をしなければ本人に不測の損害が生じるおそれがある場合に該当するため、急迫の事情があると考えることができる。しかし、これでは、入院費等の支払いのほとんどが急迫の事情に該当することになってしまい、ほぼ制限なく入院費等を支払うことができてしまう。そこで、急迫の事情については、相続人への引継ぎに多大な時間がかかるなど特段の事情がある場合においてのみ該当すると狭く解すべきとの見解がある[18)]。

また、死後事務については、葬儀費用とつじつま合わせるならば、入院費などの支払いも、事務管理（民697条１項）として支出すべきと解する見解がある[19)]。しかし、葬儀費用の支払いについては、その原因となる行為（葬儀に関する契約）は本人の死後に行われているのに対し、入院費等の支払いについては、その原因となる行為（医療契約など）は本人の生前に行われているのであるから、葬儀費用の支払いとつじつまを合わせる必要はないであろう。したがって、急迫の事情がある場合には、善処義務（民654条）により入院費等の支払いをすることができると考えてよいであろう。

なお、後見人等が、急迫の事情があるのに善処義務としての処分行為を怠り、本人側に不測の損害が発生したときは、損害賠償責任を負

---

14) 新版注民（25）483頁。
15) 新基本法親族335頁。
16) 新版注民（25）483頁。
17) 前掲松川編53-54頁。
18) 同上55頁。
19) 新井ほか158頁。葬儀費用の支払いは、後見人等の義務ではないことを理由とする。

い[20]、急迫の事情がないにもかかわらず善処義務として処分行為をしたときは、その行為は無権代理行為（民113条1項）となると解されている[21]。無権代理行為となる場合には、相続人の追認が得られないときは、損害賠償責任を負うことになる（117条1項）。

(4) 施設利用料や入院費等の支払い

本人の死後における施設利用料や入院費等の支払いについては、次のように考えることができる。原則としては、後見人等としては支払いをせずに、施設や病院には相続人が債務者として支払いをする旨を伝え、相続人には施設利用料や入院費等の未払いがある旨を伝えるにとどめておくことになる[22]。ただし、相続人全員から支払いについて同意が得られる場合には、後見人等がその管理財産から支払いをしてもよいであろう。この場合における支払いは、事務管理（民697条1項）を根拠とするものである。急迫の事情があるとはいえないからである。事務管理が根拠であるとすると、本来は後見人等が立替払いをして、相続人に対して償還請求をすることになるので（民702条1項）[23]、管理財産から支払いをするには相続人全員の同意が必要となる（相続人全員による追認）。また、相続人とのトラブルが予想されない場合にも、管理財産から支払いをしてもよいであろう。どのような場合に相続人とのトラブルが予想されない場合といえるかは、本人と相続人との紛争性の有無、支払内容とその額などを基準として判断することになろう。この場合には、後日、相続人全員の追認を得ることが必要になる。

相続人への引渡しに多大な時間がかかるなど特段の事情がある場合においては、善処義務として管理財産から支払いをすることになる（民876条の10第2項・876条の5第3項・852条・654条・861条2項）。特段の事情がある場合に該当するか否かの判断については、難しい問題ではあ

20) この損害賠償責任の性質については、債務不履行責任（民415条）なのか、それとも不法行為責任（民709条）なのかは、明らかにされていない。
21) 新基本法親族336頁。
22) 前掲松川編54-55頁。
23) 前掲松川編55頁。

るが、本人が死亡してから２か月程度で相続人に管理財産の引渡しをすることができるかという基準で判断することができると思われる。後見人等は、その任務が終了したときは、２か月以内にその管理の計算をして（民876条の10第２項・876条の５第３項・870条）、相続人にその管理財産の引渡しをする義務を負っているからである。後見人等が、本人の死亡から２か月程度でその義務を履行することができない状況にあれば、特段の事情がある場合に該当し、急迫の事情があると考えられる。善処義務により死後の事務を処理する場合には、相続人がその事務を引継ぐことができる状況になるまで、その事務をしなければならない。

これに対し、本人の死亡から２か月程度で相続人に引渡しをすることができる状況である場合には、急迫の事情があるとはいえないため、上述した原則どおりの対応をすることになる。

なお、相続人全員の追認がある場合は、後見人等について責任は生じない。事務管理・善処義務の要件を充たさない行為は無権代理行為となるので、相続人全員により追認をすることができるからである（民116条）。

ただし、債務超過になっているケースでは、ほかの債権者とのトラブルになることを避けるため、後見人等の判断で支払いをしない方がよいであろう。

(5) 死亡届の届出

本人が死亡したら、本来は、親族が死亡届を市役所等に提出するのであるが（戸87条１項２項）、親族による対応が困難なケースでは、後見人等が死亡届を提出せざるを得ないことがある。後見人等も死亡届を提出することが戸籍法によって認められているからである（戸87条２項）。それでも、なるべく親族に死亡届を提出してもらう方がよいであろう。死亡届を提出したもの氏名が戸籍に記載されるからである。実際には、葬祭業者が死亡届の提出を代行しているので、連絡が取れる親族がある場合には、葬祭業者からその親族と連絡を取ってもらい、死亡届の提出に承諾してもらえたときは、その親族を届出人として葬祭業者に死亡届の提出を代行してもらうという方法で届出をしている。連絡が取れる親族がない場合や、連絡が取れても死亡届の提出について承諾してもらえなかった場合には、後見人等が死亡届を提出することになる（実際には、葬祭業者に提出を代行してもらう）。

(6) 遺体の引取り

遺体の引取りについては、相続人の権利であり義務でもあるので、後見人等が本人の遺体を引き取る必要はない。しかし、相続人による遺体の引き取りが困難な場合には、後見人等が対応せざるを得ないので、事務管理（民697条）の一環として、葬祭業者に遺体の安置から埋火葬までを依頼し、その葬祭業者に遺体を引き取ってもらうとよいであろう。これらの事務処理は善処義務（民654条）には該当しない。後見人等の義務とまではいえないからである[24)][25)]。

(7) 埋火葬

遺体の引き取りの後には、埋火葬をしなければならないが、相続人による対応が困難なケースでは、本来は死亡地の市町村長が行うことになっている（墓地9条1項）。したがって、後見人等が埋火葬を行う必要はない。しかしながら、自治体の対応が遅く、施設や医療機関に長期間にわたり遺体を安置することができないため、また、自治体が後日親族とトラブルになることを避けるため、事実上、後見人等が事務管理（民697条）の一環として、埋火葬を行わざるを得ないのが実情である。このように、相続人による対応が困難なケースでは、遺体の引き取りから埋火葬までを、後見人等が対応することにならざるを得ない。この場合には、葬祭業者への費用の支払いについては、相続人に対し、その弁済を請求することができるが（民702条・650条2項）、相続人全員の同意がある場合や[26)]、相続人とのトラブルが予想されない場合には、管理財

---

24) 新井ほか157頁。

25) なお、前掲「身寄りがない人の入院及び医療に係る意思決定が困難な人への支援に関するガイドライン」によると、相続人による遺体の引き取りが困難な状況において後見人等がある場合は、後見人等において葬祭業者への連絡をすることが想定されているようである。

26) 相続人と連絡はとれるが、その相続人による対応が困難なケースは、実務では少なくないようである。例えば、相続人が遠方にしかいない場合、高齢である場合などである。

産から支払いをしてもよいであろう（後者の場合は、相続人による事後の追認が得られることを前提とする対応である）。ただし、債務超過になっているケースでは、ほかの債権者とのトラブルになることを避けるため、後見人等の判断で支払いをしない方がよいであろう。

なお、遺骨の納骨については、相続人が遺骨を引き取らなかった場合に、どうすべきかが問題となる。専門職後見人が自分の事務所に遺骨を置いているという話を聞いたことがあるが、後見人等には、遺骨の引取り義務はないので、自分の事務所に遺骨を置いておく必要はない。相続人が遺骨を引き取らないのであれば、収骨拒否という方法（遺骨を拾わずに骨壺に納めないこと）により対処することもやむを得ないであろう。ただし、収骨拒否という対応をすることができるかどうかは市町村により異なるため、葬祭業者に相談して確認することになる。収骨拒否をした場合において残った遺骨は、市町村が供養することになっている。収骨拒否ができない場合には、事務管理（民697条1項）の一環として、霊園等に埋葬することになろう。

相続人が遺骨を引き取る場合には、相続人が火葬の期日に火葬場に出向いて収骨することになる。後見人等が火葬場に出向いて収骨し、相続人に届けるということまでする必要はない。相続人が遺骨を引き取るのであれば、相続人に火葬場に出向いてもらった方がよい。

(8) 居住空間の明渡し

①持ち家の場合

本人が持ち家に居住していた場合には、その持ち家を相続人に明け渡すことになる。持ち家の所有権は相続人に承継されるからである（民896条本文）。具体的には、後見人等は本人の死亡から２か月以内に管理の計算をして（民870条）、相続財産の引継ぎの準備が完了したら、相続人に対し、相続財産の引継ぎについて通知することにより、その持ち家の存在を知らせることになる。

②借家の場合

本人が借家に居住していた場合も、賃借権が相続人に承継され、相続人が賃借人となる（民896条）。そのため、相続人に対し、相続財産の引継ぎについて通知することにより、その借家の存在を知らせたのち、相続人がその借家をどうするのかを決めることになる。相続人がすでに借家の明渡しについて対応することができる状況であれば、死後事務を行う必要はなく、相続人への引継ぎの問題と捉えることになる[27]。この場合には、賃貸借契約の解約手続やその際の敷金の清算を相続人に引継ぎをすることになる。なお、相続人に引継ぎをするまでの家賃の支払いや電気・ガス・水道等の供給契約の解約手続については、事務管理（民697条1項）の一環として、後見人等が行うことはできる。これらの事務についても相続人がすべきものではあるが、本人が死亡してから速やかに行うことにより、家賃滞納による解約や、相続財産の減少を防ぐことになるからである。

これに対し、相続人が借家の明渡しについて対応することが困難な状況であれば（例えば、相続人間の対立が激しく引継ぎをする者が定まらない場合、相続人が引継ぎを拒否する場合、相続人が遠方にいたり高齢であったりして実際に対応することが困難または長期間を要する場合など）、本人の最後の住所地を管轄する家庭裁判所に対し、相続財産管理人選任の申立てをし（民897条の2第1項、家事39条・190条の2・別表一89）、その者に引継ぎをすることになろう。なお、相続財産管理人に引継ぎをするまでの家賃の支払いや電気・ガス・水道等の供給契約の解約手続については、善処義務（民654条）の一環として、後見人等が行うことはできると考えられる。家賃滞納による解約や、相続財産の減少を防ぐことになるからである。

③施設や病院の場合

本人が介護施設に入所して居住していた場合には、本人の死亡により入所契約は終了すると考えられる。入所契約は本人の利益のために締結されるものであり、その契約を存続させておく実益がないからであ

27) 前掲松川編133-134頁。

る[28]。実際には、入所契約書に本人の死亡が契約の終了事由として規定されている。

本人が医療機関に入院していた場合における入院契約についても同様である。本人の利益のために締結されるものであるから、本人の死亡により終了することになる。

入所契約や入院契約は本人の死亡により終了するので、退所・退院の手続をすることになる。具体的には、費用その他の預り金の清算と居住空間の明渡しをすることになる。本人の死亡後に最後の利用料・入院費の支払いや施設・医療機関への預り金（施設への敷金・本人のお小遣いや医療機関への入院保証金など）の清算については、原則として相続人が行うことになるが、相続人全員の同意がある場合や相続人とのトラブルが予想されない場合には、事務管理（民697条1項）の一環として管理財産によって行うことができ、また相続人への引継ぎに多大な時間がかかるなどの特段の事情がある場合には、善処義務（民654条）の一環として行うことができると考えられる（**第5章3（4）**参照）。

本人の死亡により施設の居室や医療機関の病室を明け渡すことになるが、その際には、残置物の引取りをしなければならない。この残置物の所有権も本人の死亡により相続人に承継されるため、たとえ財産的価値の低いものだとしても、後見人等の判断で処分するのではなく、相続人に通知し引き取ってもらえばよいのである。

しかし、実際には、本人の死亡の際に、施設や医療機関から速やかに居室・病室の明渡しを求められることが少なくない。この場合において、相続人による速やかな対応が困難なときは、やむを得ず後見人等が残置物の引取りをしなければならないことがある。引取りをした後の対応であるが、換価が可能なものであれば、保管して後日相続人に引き渡すことになるが、保管することによって費用が発生し相続財産の価値を減少させる場合には（残置物を倉庫業者に寄託する場合など）、換価処分をすることが考えられる。換価が不可能なものや無価値なものであれば、廃棄処分をすることになろう。

28）前掲松川編140-141頁。

(9) 平成28(2016)年の民法改正による死後事務

①成年後見人の場合

(ア) 死後事務の趣旨・要件

㋐許可を要しない相続財産の保存行為・債務の弁済

なお、平成28(2016)年の民法改正によって、成年後見人においては、必要があるときには、相続人が相続財産を管理することができるに至るまで、特定の財産を保存する行為をすることや、支払時期が到来している債務の弁済をすることができる旨が明記された(民873条の2第1号2号)。これは、上述のとおり、本人が死亡した場合には、後見が終了し、成年後見人の権限も消滅することになるのが原則であるが(民111条1項1号)、実際には、本人の死亡後も死後の事務については、事務管理(民697条)や善処義務(民654条)を根拠に成年後見人が処理せざるを得ないことが少なくないことから、本人の死亡後における成年後見人の権限について、その根拠を明らかにしたものである[29)]。しかし、「相続人の意思に反することが明らかなとき」には、死後事務の処理をすることができない(民873条の2柱書)。相続人の所在が不明であるときや連絡が取れないときは、「相続人の意思に反することが明らかなとき」には当たらない[30)]。実務上は、成年後見人は、相続人の意思を確認したうえで死後事務を行うことになるとされている[31)]。ただし、これらの行為に要する費用を捻出するために預貯金から払い出しを受けるためには、家庭裁判所の許可が必要である[32)]。この場合における預貯金の払い出しは、相続財産総額を減少させる行為であるので、家庭裁判所の許可が必要とされる相続財産の保存に必要な行為に該当するからである(民873条の2第3号)。

---

29) 新基本法親族332頁。

30) 同上333頁。

31) 同上。

32) 同上334頁。

㋑埋火葬

また、この民法改正によって、成年後見人は、家庭裁判所の許可を得れば、遺体の埋火葬をすることができるようになった（873条の2第3号）。遺骨の引取り手がいない場合は、この規定に基づいて、家庭裁判所の許可を得て、遺骨を納骨堂に納骨する契約を締結することができる[33]。これに対し、葬儀に関する契約については、この規定に基づいて締結することはできない。これは、葬儀は、公衆衛生上不可欠というものではなく、法律上も義務とされているわけでないことと、宗派や規模などによって様々な形態が考えられ、その方法や費用負担をめぐって事後に相続人との間で紛争が生ずるおそれがあることから、相続人が行うことが適当だからである[34]。ただ、実際には、家庭裁判所の許可が得られるまで遺体を安置しておくことが難しいケースも少なくないと思われる。このようなケースにおいては、事務管理（民697条1項）の一環として、家庭裁判所の許可を得ることなく成年後見人が埋火葬を行うといった対応が考えられる。

㋒許可を要する相続財産の保存行為

このほかにも、家庭裁判所の許可を要する相続財産の保存に必要な行為としては、本人の居室に関する電気・ガス・水道等供給契約の解約、債務の弁済をするための本人の預貯金の払戻しなどがある。これらの行為をしないと、相続財産の総額が減少することになるからである[35]。このことから、家庭裁判所の許可を要しない行為についてその費用の支払いをするために、本人の預貯金の払戻しをするには、家庭裁判所の許可を要することになる。

（イ）死後事務の性質

上述のとおり、後見が終了した後の成年後見人の権限が定められたが、この規定は、あくまで後見終了後の成年後見人の権限を定めたものであり、その義務を定めたものではない。死後事務について「すること

33) 同上。
34) 新基本法親族335頁。
35) 同上。

ができる」のであって、成年後見人の義務でないことには変わりはない。したがって、後見終了後の成年後見人が上記の行為を必ずしなければならないものではないのである。そのため、実際には、死後事務を行うか否かは、成年後見人が判断することになる。

また、上述のように、家庭裁判所の許可が必要な行為であっても、事務管理や善処義務の要件を満たす場合には、家庭裁判所の許可がなくても行うことができるのである[36)]。その意味で、上記の規定があるからといって成年後見人の死後事務の範囲が明確になったとはいえない。特に、上述のように[37)]、実務上は、成年後見人が、相続人の意思を確認したうえで死後事務を行うことになるのであれば、相続人と連絡が取れない場合には、事務管理や善処義務により死後事務を行うことになるだろう。このことから、家庭裁判所の許可は、事実上、相続人とのトラブルを防ぐためのお墨付きという意味合いを持つものと考えられる[38)]。したがって、相続人とのトラブルが予想されないケースにおいては、家庭裁判所への許可申立てをせずに、火葬を行うという対応が考えられる[39) 40)]。

②補助人・保佐人の場合

なお、この規定は、補助人・保佐人には適用されない。成年後見人は、本人の財産について包括的な代理権を有している（民859条1項）のに対し、補助人・保佐人は、特定の法律行為についての代理権を有するにすぎないから（民876条の9第1項・876条の4第1項）、補助人・保佐人についても死後事務に関する権限を付与すると、補助人・保佐人が本人の生前のときよりも強い権限を持つことになり、適当ではないからである[41)]。しかし、本人の生前における代理権の範囲内で、本人の死後の権限を与えることにすれば、その権限は明確となり、補助人や保佐人

---

36) 同上。
37) 新基本法親族333頁。
38) 前掲松川編67頁。
39) 同上69頁。
40) 前掲松川編69頁。
41) 新基本法親族332頁。

についてもその権限を与えても不都合は生じないのではないかと思われる。

第6章
成年後見制度の費用

1. 後見人等の事務に要する費用

後見等の事務を行うための必要な費用は、本人の財産の中から支出することになる（民876条の10第1項・876条の5第2項・861条2項）。また、後見人等が立て替えた費用については、本人に対して、求償することができる。

後見等の事務を行うための必要な費用とは、通信費、交通費、収入印紙代のほか、不動産取引における仲介手数料、確定申告のための税理士報酬、訴訟が必要となった場合の弁護士報酬なども含む[1)]。しかし、弁護士が後見人等になった場合において、訴訟手続を行ったとしても、特別の事情がない限り、弁護士報酬を後見人等の事務の費用として本人の財産から取得することは認められない。この場合、法律専門家として後見人等に選任されているからである[2)]。司法書士が後見人等に選任された場合において、登記申請をしたことについての司法書士報酬も同様である。これらの報酬は、家庭裁判所に対して、後見人等の報酬付与の申立てをして、その決定に従って、本人の財産の中から取得することになる（民876条の10第1項・876条の5第2項・862条参照）。

---

1) 新井ほか147頁。
2) 同上。

2. 後見人等の報酬

(1) 報酬の付与

家庭裁判所は、後見人等及び本人の資力その他の事情によって、本人の財産の中から、相当な報酬を与えることができる（民876条の10第1項・876条の5第2項・862条）。これは、家庭裁判所の裁量事項であり、後見人等に報酬付与請求権があるわけではない[3)]。

また、後見監督人等も、報酬付与を受けることができる（民876条の8第2項・876条の3第2項・852条・862条）。

(2) 報酬付与の申立て

報酬の付与を受けるには、後見等開始の審判をした家庭裁判所に対して、報酬付与の申立てをすることになる（家事136条2項・128条2項・118条2項・別表一50・31・13）。

申立書には、申立人（後見人等）に関する情報、本人に関する情報、報酬付与の対象となる期間、本人のために特に行った事項などを記載し、収入印紙800円を貼付する。また、報酬付与審判書について郵送による受取りを希望する場合には、郵便切手84円を申立書に添付することになる。この申立書を家庭裁判所に提出する際に、後見等事務報告書、財産目録、収支予定表、財産に関する資料の写し（預金通帳など）を添付する必要がある。そのため、実務では、年一回の定期報告の際に合わせて報酬付与の申立てをしている。なお、報酬付与の申立てに関する収入印紙代や切手代は、本人の財産の中から支出することはできず、後見人等が負担しなければならない。この申立ては後見人等自身が報酬を得るための手続だからである[4)]。

---

3) 同上148頁。
4) （公社）成年後見センター・リーガルサポート編「成年後見教室―実務実践編（3訂版）」（日本加除出版、2013年）82頁。

(3) 報酬付与の対象となる期間

報酬付与の対象となる期間は、実務では、最初の1年は、後見人等に就任した時（後見等開始の審判が確定した日）から、家庭裁判所により指定された定期報告の計算の締日であり、2年目以降は、前回の定期報告の計算の締日の翌日から、今回の定期報告の計算の締日までの1年間である。後見等が終了したときは、前回の定期報告の計算の締日の翌日から終了日までである。このように、1年間の報酬が後払いの形で与えられるようになっている。本来後見人等の報酬は、その行った後見等の事務に対して報酬の支給の是非及び額を決定するべきものだからである[5)]。

(4) 報酬付与の審判

報酬付与にあたって考慮される事項としては、本人の資力である（民862条）。後見人等の報酬は、後見等の事務に対する報酬であるから、処理した事務の内容が重要ではあるものの、その報酬は、本人の財産の中から取得するものだからである。その他の事情とは、後見人等が管理した財産の種類や額、後見等の事務の内容（例えば、訴訟手続、遺産分割協議、保険金請求、不動産の任意売却など）などである。また、後見人等と本人との関係も考慮され、例えば、親子であれば報酬の付与が認められないことがある。

なお、東京家庭裁判所は、「成年後見人等の報酬額のめやす」を公表している。これによると、基本報酬は、月額2万円であるとしているが、後見人等が管理する財産額が1,000万円を超え5,000万円以下の場合には月額3万円から4万円、管理する財産額が5,000万円を超える場合には月額5万円から6万円としている。次に、付加報酬は、身上保護等に特別困難な事情があった場合には、基本報酬額の50％の範囲内で相当額の報酬を付加するとし、また、後見人等が特別な事務を行った場合には、相当額の報酬を付与することがある、としている。なお、後見

5) 東京家審昭和48（1973）年5月29日家月26巻3号63頁。

監督人等についても同様であるとしている。ただ、実際には、家庭裁判所ごとに、やや判断が異なっているようである（上記の「成年後見人等の報酬額のめやす」は、あくまで「めやす」にすぎないからであろう）。例えば、本人の資産が少ない場合において、この基準に従って基本報酬額を決定している家庭裁判所もあれば、月額１万円台で計算をしている家庭裁判所もあるようである。後者のような報酬額の定め方がされると、専門職による後見人等の候補者を確保することが困難となるのではないかと懸念が生じる。本人の資産が少ない場合における後見人等の報酬の確保については、後述する「成年後見制度利用支援事業」による助成（補助）制度などと関連させて検討する必要があろう。

報酬付与の審判は、その付与を受ける後見人等に対する告知により効力が生じる（家事74条2項本文）。この審判に対しては不服申し立てをすることができない[6)]。

(5) 報酬の受領

後見人等は、この審判に基づいて、管理する本人の財産の中から報酬を受領することになる（民876条の10第1項・876条の5第2項・862条）。なお、これは、形式的には利益相反行為となるが、何ら本人の利益を害するものではないことから、特別代理人選任の必要はない[7)]。

また、本人の死亡により後見等が終了した後に家庭裁判所の報酬付与の審判を受けた場合における、その報酬の受領については、相続財産から直接受領することができると考えられている[8)]。これは、後見人等の報酬は相続財産に対しては共益費用に該当し、本人の総財産について第一順位の先取特権を有すると考えられているから（民306条1号）、また、本人の死亡後の審判により付与された後見人等の報酬は、相続債務になると解されるとする裁判例[9)]があるからである。

---

6) 広島高松江支昭和32（1957）年７月23日高民集10巻６号360頁。

7) 新井ほか149頁。

8) 松川正毅編「新・成年後見における死後の事務」（日本加除出版、2019年）176-177頁。

9) 大阪地判平成27（2015）年７月22日判時2286号118頁。後見等の事務に対する報酬だからである。この後見人等の報酬債務は、報酬付与の審判により、本人の死亡時に遡って発生するものと解されるとしている。

実務では、後見人等が本人の死亡後も引き続き管理している財産から後見人等の報酬を受けたうえで、残余財産を相続人に引き継ぐという処理をすることが一般的であるとされる[10]。具体的には、本人の現金を管理している場合は、その現金から報酬を受領することができる。これに対し、本人の現金を管理していない場合は、管理している本人の預貯金から払戻しをして受領することができると考えられる。金融機関に対して本人の死亡の届出をしていない場合には、本人の預貯金から払戻しをして受領することができる。金融機関に対して本人の死亡の届出をしている場合には、口座が凍結されて払戻しをすることができないのが原則であるが、報酬付与とその額は家庭裁判所の審判により決定されているものであることから、この払戻しに応じる金融機関もある。

本人の死亡後に管理している本人の預貯金から報酬を受領することについては、本人の死亡により後見人等は預貯金に関する管理権限を失っていることから、適切な事務ではないとする見解がある[11]。しかしながら、後見人等の報酬は本人の総財産について共益費用として先取特権を有するものであること（民306条1号）、また、この報酬は相続債務となることからすると、本人の預貯金から報酬を受領することが適切な事務ではないとは、必ずしもいえないのではないか。報酬の付与とその額が家庭裁判所の審判により決定されることからしても、本人の死亡後であっても本人の預貯金から払戻しをして受領することができると考えてよいであろう。

(6) 本人死亡後から財産引渡しまでの期間の報酬

本人の死亡後から相続人への財産の引渡しまでの期間における報酬の付与については、表立っては認められていないようである。これは、報酬の付与の対象が後見等の事務の終了までとしているからであると思われる。しかしながら、実務では、①通常の死亡後の引継事務にかかる付加報酬、②死後事務にかかる付加報酬をも勘案して後見人等の報酬（最

10) 前掲大阪地判平成27（2015）年7月22日。
11) 前掲松川編178頁。

後の報酬）を決めている裁判所もあるようである[12]。報酬を付与する事務の対象となる期間は原則として本人の死亡時までであるが、後見等の計算が民法上規定されている義務（民870条）であるので、実際には、最後の報酬の中に加味されているものと考えられる[13]。

3. 費用の助成

このように、後見人等の報酬は、本人の財産の中から支出することとなっているため、本人の資産が少ない場合に、本人の財産の中から後見人等の報酬を支出することができないことを懸念して、成年後見制度の利用を躊躇してしまうということが考えられる。それでは、成年後見制度による保護を必要とする方に、支援が行き届かないことになってしまう。そこで、国と市町村による「成年後見制度利用支援事業」の一環として、後見人等の報酬の助成を受けることができる仕組みがある。これは、国の補助を受けた市町村が、後見人等の申請により、市町村の予算の中から、後見人等の報酬を助成するものである。助成を受けられる基準やその額は、市町村ごとに異なる。そのため、助成を受けようとする後見人等は、事前に関係市町村に問い合わせて確認しておく必要がある。助成を受けたときは、その助成金（補助金）が、本人の口座に入金され、そこから報酬を受領することになる（市町村によっては、直接後見人等の口座に入金される）。なお、後見等開始の申立ての費用についても、市町村長申立ての場合は、市町村が負担した申立費用を本人に請求しないという形で、市町村の負担で申立てをすることがある。

12) 同上203頁。

13) 同上。

第７章
後見等の登記

1. 後見登記の類型

後見登記は、法定後見（補助・保佐・後見）に関するものとして「後見等の登記」（後見登記４条１項）、任意後見に関するものとして「任意後見契約の登記」（後見登記５条）、法定後見開始の審判前の保全処分に関するものとして「後見命令等の登記」（４条２項）の三類型に限られている。以下では、後見等の登記について解説する。

2. 登記手続

(1) 嘱託による場合

後見等の登記は、原則として、裁判所書記官からの嘱託により行われる（家事116条・別表一「補助」「保佐」「成年後見」）。公の機関が法務局に対して依頼する登記のことを嘱託登記という。家事事件手続法により家庭裁判所の審判事項として定められているものについて、その審判の結果が後見等の登記に反映される仕組みになっている。

(2) 申請による場合

①申請人

裁判所書記官による嘱託の登記がなされる場合を除いて、登記事項に変更が生じたときや後見等が終了したときは、その事実を知った後見人等・本人・親族その他の利害関係人は、登記事項の変更の登記または後見等の終了の登記を申請しなければならない（後見登記７条・８条１項３項）。例えば、後見人等や本人の氏名・住所が変更した場合、本人が死亡した場合などである。これらの場合には、その事実を家庭裁判所が把握することができないことから、その事実を知った者により申請すべきものとされている。後見等の登記の登記事項に変更が生じた場合の変更の登記の申請は、後見人等の職務である。したがって、その場合には、速やかに変更の登記の申請をし、その結果を金融機関や役場など関係機関へ必要に応じて届け出ることになる。

②変更登記の申請

変更の登記の申請をするには、申請書に申請人の住所・氏名・資格（後見人等）・連絡先、登記の事由、登記すべき事項（変更の年月日・変更後の登記事項）、登記記録を特定すべき事項（本人の氏名・登記番号など）、申請年月日、登記所を記載して（後見登記17条、後見登記政令５条２項）、変更事項を証する書面（住民票の写し、戸籍謄抄本など）を添付して申請する（後見登記17条、後見登記政令６条）。申請書は、法務局のウェブサイトからダウンロードして使用することができる。なお、住所変更の場合、法務局において住民基本台帳ネットワークを利用して住所変更の事実を確認することができるときは、住民票の写しの添付を省略することができる。変更の登記の手数料は不要である。

変更の登記の申請は、申請書と添付書類を東京法務局民事行政部後見登録課に郵送してする（後見登記２条１項、後見登記政令５条１項・６条）。郵送は、簡易書留郵便または信書便（引受け及び配達の記録を行うもの）ですることとされている（後見登記17条、後見登記政令18条、後見登記省令８条）。

③終了登記の申請

本人が死亡した場合における終了の登記の申請は、変更の登記の申請の場合と同様である。申請書に記載する登記の事由は、終了の事由と終了の年月日である。登記すべき事項の記載を要しない。添付書類は、死亡診断書や死亡の記載のある戸籍謄抄本であるが、法務局において住民基本台帳ネットワークを利用して死亡の事実を確認することができるときは、添付書類の提出を省略することができる。登記手数料は不要である。

3. 登記事項

後見等における登記すべき事項は、次のとおりである（後見登記4条1項)。①後見等の種別、開始の審判をした裁判所、その審判の事件の表示及び確定の年月日、②本人の氏名、出生の年月日、住所及び本籍、③後見人等の氏名または名称及び住所、④後見監督人等が選任されたときは、その氏名または名称及び住所、⑤補助人・保佐人の同意を得ることを要する行為が定められたときは、その行為、⑥補助人・保佐人に代理権が付与されたときは、その代理権の範囲、⑦数人の後見人等または数人の後見監督人等が、事務を分掌して、その権限を行使すべきことが定められたときは、その定め、⑧後見等が終了したときは、その事由及び年月日、⑨後見人等または後見監督人等の職務の執行を停止する審判前の保全処分がされたときは、その定め、⑩後見人等または後見監督人等の職務代行者を選任する審判前の保全処分がされたときは、その氏名または名称及び住所、⑪登記番号。

③の後見人等の住所については、住民票上の住所が記載されるのが原則であるが、弁護士や司法書士などの専門職が後見人等となる場合には、事務所所在地を記載することもできるのが実務上の扱いである（住所と事務所所在地を併記する扱いもされている)。

⑤の保佐人の同意を得ることを要する行為については、民法13条1

項所定の行為以外の特定の行為が登記され、民法 13 条 1 項所定の行為は法律でその内容が定められているため登記されない。補助人の同意を得ること要する行為については、その特定の行為がすべて登記される。

⑥の補助人・保佐人に代理権が付与されたときは、その付与された代理権がすべて登記される。

後見類型については、成年後見人には法律により本人の財産について包括的な代理権が付与されており（民 859 条 1 項）、また、法律により本人は成年後見人の同意を得たとしても、日常生活に関する行為を除いて有効に法律行為をすることができないとされていることから（民 9 条）、代理権の範囲と同意を要する行為は登記されない。

4. 登記事項の証明

(1) 証明書の取得

後見等の登記は、後見登記等ファイルに登記事項を記録することによって行われる（後見登記 4 条 1 項）。この後見登記等ファイルに記録されている登記事項を証明するには、登記事項証明書（後見登記等ファイルに記録されている事項を証明した書面をいう）を取得することによってすることになる（後見登記 10 条 1 項）[1)]。

この登記事項証明書は、後見人等の権限を公的に証明するものであるから、取引の相手方はこれによって本人の能力や後見人等の代理権・同意権の有無や範囲などを確認することができる。また、登記事項証明書は、後見人等が後見等の事務を行う際に代理権を証する書面としての役割を果たすことになる。例えば、後見人等が本人に代わってその所有する不動産を売却するための所有権移転登記の申請をする場合には、代理権を証する書面として後見等の登記事項証明書を添付しなければならな

1) なお、記録がないときは、「登記されていないことの証明書」が交付される。

いとされている（不登26条、不登令7条1項2号）。

終了の登記がされた場合には、登記記録は閉鎖されて閉鎖登記ファイルに記録される（後見登記9条）。この場合、閉鎖登記事項証明書（閉鎖登記ファイルに記録されている事項を証明した書面をいう。）を取得することによって、後見等が終了した事実を証明することになる（後見登記10条3項）。

一方、登記されていないことの証明書は、本人が法定後見などを受けていないことを証明する場合に利用されている。後見等開始の申立てをする際には、添付書類としてこの証明書を提出することになっている。

(2) 証明書の交付請求ができる者

登記事項証明書の交付請求をすることができる者は、本人、後見人等、後見監督人等、本人の配偶者・四親等内の親族などに限られている（後見登記1項1号2号3号）。これは、本人のプライバシー保護の要請と取引の安全の要請との調和を図るため、登記事項証明書の交付請求をすることができる者を一定の者に限定しているのである[2)]。すなわち、後見登記等ファイルに記録されている情報は、人の判断能力という特にプライバシー性の高い情報であるから、誰もがこの情報にアクセスできるとすることは適当でない。その一方で、円滑な取引活動を行うためには、後見等の登記の内容を相手方に証明する必要が生じる場合がある。なお、国または地方公共団体の職員は、職務上必要とする場合には、登記事項証明書の交付請求をすることができる（後見登記10条5項）。

閉鎖登記事項証明書の交付請求をすることができる者は、本人、後見人等、後見監督人等、本人の相続人その他の承継人、国または地方公共団体の職員などに限られている（後見登記10条3項1号2号4項5項）。本人の配偶者や四親等内の親族は交付請求できないが、相続人が交付請求をすることができるようになっている。本人の死亡後に相続手続などを行うために必要な場合があるからである[3)]。

---

2) 新井ほか335頁。
3) 新基本法親族393頁。

本人と取引をする相手方には、登記事項証明書の交付請求は認められていない。そこで、取引上の不利益を避けるため、取引の相手方は、本人や関係者に対して後見等の審判を受けているかどうかを確認したり、後見人等に対して登記事項証明書の提出を求めたりして、後見等の登記の内容を確認する必要がある。取引の相手方においては、本人や後見人等を通じて間接的に後見等の登記の内容を確認させる仕組みが採用されている。これは、個々に取引の相手方の不便を甘受させても本人のプライバシー保護を優先させるべきであると考えられているからである[4)]。

なお、弁護士や司法書士などは、職務上の必要があったとしても、登記事項証明書の交付請求をすることができない。

(3) 証明書の交付請求の方法

① 申請書による請求・請求場所

登記事項証明書や登記されていないことの証明書の交付請求をするには、申請書を、法務局・地方法務局の本局の窓口に提出するか、東京法務局民事行政部後見登録課に郵送してする（後見登記２条１項・17条、後見登記政令18条、後見登記省令17条１項)。登記申請の場合と異なり、法務局・地方法務局の本局の窓口での手続が認められている。この場合、住所や本籍と関係なくいずれの法務局・地方法務局の本局の窓口でも交付請求をすることができる。

なお、申請書は、最寄りの法務局に・地方法務局などに備え付けてあるほか、法務省のウェブサイトからダウンロードすることもできる。

② 登記事項証明書の交付請求

登記事項証明書の交付請求の場合は、申請書に、交付請求をする者の住所・氏名・連絡先・資格（後見人等)、代理人が請求する場合には、代理人の氏名・住所・連絡先、添付書類がある場合にはその書類、後見等の登記の種別・請求の通数、登記記録を特定するための事項（本人の氏名、登記番号など)、申請年月日、登記所を記載して（後見登記17条、後見

4) 新井ほか336頁。

登記政令18条、後見登記省令17条2項)、収入印紙(1通550円)を貼付して提出する(後見登記11条、後見登記省令33条1項、登手令2条9項1号)。その際に、請求する者の本人確認書類(運転免許証等)、本人の配偶者や四親等内の親族が請求する場合には、本人との関係を証する書面(戸籍謄本等)、代理人が請求する場合には、委任状を添付する(後見登記17条、後見登記政令18条、後見登記省令18条1項)[5)]。戸籍謄本については原本還付をすることができるが、その場合は、原本すべてをコピーしてそれに「原本の写しに相違ない」旨を記載し、申請者が記名する必要がある。郵送で申請する場合には、切手を貼付した返信用封筒を同封することになる(後見登記17条、後見登記政令11条)。

③登記されていないことの証明書の交付請求

登記されていないことの証明書の交付請求の場合は、申請書に、交付請求をする者の氏名・住所・連絡先・証明を受ける者との関係(本人、配偶者、四親等内の親族など)、代理人が請求する場合には、代理人の氏名・住所・連絡先、添付書類、証明事項(後見等や任意後見契約の記録がないことなど)、請求通数、証明を受ける者の氏名・生年月日・住所・本籍、申請年月日、登記所を記載して(後見登記17条、後見登記政令18条、後見登記省令17条2項)、収入印紙(1通300円)を貼付して提出する(後見登記11条、後見登記省令33条1項、登手令2条9項2号)。その際に、請求する者の本人確認書類(運転免許証等)、本人以外が請求する場合には、本人との関係を証する書面(戸籍謄本等)を、代理人が請求する場合には、委任状を添付する(後見登記17条、後見登記政令18条、後見登記省令18条1項1号3号)[6)]。戸籍謄本については原本還付をすることができるが、その場合は、原本すべてをコピーしてそれに「原本の写しに相違ない」旨を記載し、申請者が記名する必要がある。郵送で申請する場合には、切手を貼付した返信用封筒を同封することになる(後見登記17

5) なお、官庁または公署が作成した書類については、3か月以内のものに限られる(後見登記省令18条2項)。

6) なお、官庁または公署が作成した書類については、3か月以内のものに限られる(後見登記省令18条2項)。

条、後見登記政令 11 条）。

第8章
成年後見制度の在り方

1. 現行制度における類型とこれに対する一元論からの指摘

(1) 判断能力と成年後見制度の類型との関連性と課題

上述のように、成年後見制度には、補助・保佐・後見の3つの類型があり、補助・保佐・後見となるにつれて、本人の判断能力が低い者を対象としており、その類型に応じて後見人等に与えられる権限が異なるような制度設計がなされている。

判断能力が低下した本人がどの類型に該当するのかは、最終的には家庭裁判所が判断する（民15条1項・11条・7条)。ただ、家庭裁判所に成年後見制度開始の審判の申立てをする際には、どの類型の開始の審判の申立てをするのかを明らかにしなければならない（同条項)。では、家庭裁判所が、どのようにして本人がどの類型に該当するのかを判断するかというと、上述のとおり、「成年後見制度用の診断書」の記載を参考に判断している。この診断書には、本人に関する認知機能検査の結果や認知機能についての意見等が記載されているが、特に重要な事項となるのが、「判断能力についての意見」についての記載である。ここには、「判断能力に問題なし」、「補助相当」、「保佐相当」、「後見相当」のいずれかを選択して記載するようになっており、後見等の開始の審判の申立てをする際には、この記載を参考にどの類型の開始の審判の申立てをするのかを決定することになる。

この診断書は、かかりつけ医がいればその医師に作成してもらうのがよいが、専門外で作成できない医師もいるのが実情である。その場合には、精神科の医師に作成を依頼することになる。ただ、実際には、どの類型に該当するのかという判断をするには難しいケースが少なくない。例えば、保佐相当とも後見相当とも受け取れるような場合や、精神状態が不安定で正確な認知機能検査を実施することが困難な場合などである。保佐相当であっても、補助に近い判断能力であることもあれば、後見に近い判断能力であることもある。後見相当であっても、保佐に近い判断能力であることもあれば、自分のことがほとんど認識・判断できない判断能力であることもある。つまり、判断能力の程度には様々な状態があるのである。

しかしながら、保佐人の同意権（取消権）や、成年後見人の代理権や取消権は、法律上、画一的なものとして規定されており（民13条１項４項・９条・859条１項）、本人の状況に見合った扱いをすることが難しい制度設計となっているのが現状である。補助については、本人の保護に必要な同意権（取消権）や代理権の付与をすることが可能な制度となっているが、本人の判断能力が保佐相当あるいは後見相当である場合には、補助類型を利用することができないため、補助類型のように、本人の保護の必要性に合わせて同意権（取消権）や代理権を付与することが十分にはできなくなる。

(2) 成年後見制度と障害者権利条約

このような状況を解消して、本人の状況に見合った支援を可能とするためには、補助・保佐・後見という３つの類型を一元化して、本人の状況に応じて同意権・取消権や代理権を設定するような制度にしていくべきだとする見解がある[1)]。

この見解は、成年後見制度について、日本が批准している障害者権利条約に適合した仕組みに再構築すべきであるという考え方に基づいているといえる。

1) 新井誠「成年後見制度の生成と展開」（有斐閣、2021年）84-98頁。

障害者権利条約12条は、2項で「締約国は、障害者が生活のあらゆる側面においてほかの者と平等に法的能力を享有することを認める。」とし、3項で「締約国は、障害者がその法的能力の行使にあたって必要とする支援を利用することができるようにするための適当な措置をとる。」とし、4項で「締約国は、法的能力の行使に関するすべての措置において、…障害者の状況に応じ、かつ、適合すること…」としている。

2項にいう「法的能力」は行為能力が含まれると解されるため、行為能力においても平等性が認められることになるから、障害を理由としてその者の法的行為の効力に類型的な差異を設けることは許されないことになる[2)]。

また、3項によると、障害のある人は法的行為を行うに際して必要とする支援を受けることができ、その支援は障害のある人の主体的な決定を前提としてそれを支援するものであって、代行決定を行うことではないことになる[3)]。この支援の考え方を「支援付意思決定」という[4)]。

さらに、4項によると、自己決定の困難性の度合いに応じて支援を充実させることを意味しており、障害者に対する支援制度がその人の個別の状態に合わせたオーダーメイドのものでなければならないことが要請されていることになる[5)]。

すなわち、障害者権利条約のもとでは、成年後見制度は、障害を理由として類型的に行為能力を制限してはならず、意思決定をする主体は本人であり、後見人等は本人の意思決定を支援することを役割とするものでなければならないことになる。また、それは、本人の必要性に応じた支援体制となるものでなければならないのである。

この点について、現行の成年後見制度をみると、補助類型は、本人の行為能力の制限を受けることなく、補助人の代理権による保護を受けられる点が最大の特徴であり、また、本人の同意を要件として同意権・取消権や代理権の付与をすることができる仕組みになっている（民17条1

---

2) 松井亮輔・川島聡「概説　障害者権利条約」（法律文化社、2010年）190頁。
3) 同上。
4) 新井誠・赤沼康弘・大貫正男編著「成年後見法制の展望」（日本評論社、2011年）232頁。
5) 前掲松井・川島193頁。

項２項４項・876 条の９第１項２項・876 条の４第２項)。これは、障害を理由として類型的に法的効力に差異を設けておらず、自己決定の困難性に応じた支援を充実させることができる。また、補助人に同意権・取消権が付与された事項については、本人が決定を行った際に不利益を被った場合、その後に本人の意思を確認したうえでその行為を取り消すことができることから、補助類型は、障害者権利条約 12 条３項が定める「支援付意思決定」の実践に最も近い類型であるといえる[6)]。

これに対し、障害者権利条約の下では、後見類型は許容されていないとする。後見類型は、行為能力を画一的に、かつほぼすべての分野において剝奪するもの（民９条）だからである。実務においても、成年後見制度の類型の中で後見類型の利用が 80％以上を占めており、後見類型の運用実態そのものが条約違反状態を作り出している[7)]。

保佐類型についても、行為能力を画一的に制限している（民 13 条１項４項）ことは、後見類型と変わりがない（保佐類型は後見類型のコロラリーであるといえる)。以上により、成年後見制度を、補助類型に一元化すべきであるとする[8)]。

2. 現行制度における在り方

(1) 現行制度における三類型の採用

しかし、現行法は、成年後見制度を補助・保佐・後見の三つの類型を設けたうえで、個別的な調整を可能とする仕組みを採用した。これは、①一元的な制度とすると、特定の法律行為（例えば、遺産分割協議）についてのみについて後見人等に代理権を付与し、ほかの点では放置するといった「制度のつまみ食い」が予想されたこと、②必要に応じて同意

6) 前掲新井・赤沼・大貫編 240 頁。
7) 前掲新井「生成と展開」90-91 頁。
8) 同上 93 頁。

権・取消権や代理権を拡張していけばよいとしても、その同意権・取消権の付与が「後追い」になりかねないこと、③仮に一元的な制度を採用したとしても、一定の類型化は避けがたく、最初から個別に細かく対応しようとした場合には、審理の長期化や費用の高額化も懸念されたことが、理由として挙げられている[9)]。

そこで、現行の成年後見制度の在り方としては、一元論が主張する趣旨を取り入れながら運用していく必要があるといえるのではないか。

(2) 補助類型の積極的活用

①必要に応じた支援との関係

(ア) 補助類型の特徴

まず、現行の成年後見制度を利用するにあたっては、補助類型を積極的に活用していくことである。補助類型は、本人が自ら行うことに不安や支障のある特定の重要な法律行為についてのみ、補助人に対して、同意権・取消権や代理権を付与することとなっており（民17条1項2項・876条の9第1項2項・876条の4第2項）、より具体的な必要に応じて補助人による支援や保護を受けることができる制度である。しかも、鑑定による判断能力の判定は行われず、資格制限（後見等開始の審判を受けることにより、特定の資格を喪失すること）がないので、実体的・手続的・心理的・経済的な観点から当事者にとって利用しやすい制度となっている。

また、補助開始の審判がされた後に、申立てにより、補助人の同意権・取消権や代理権を追加・拡張したり、縮減したりすることが可能であり（民17条1項2項・876条の9第1項2項・876条の4第2項）、同意権・取消権や代理権が付与の目的とされた法律行為（例えば、不動産の売却や遺産分割協議など）がすべて終了した場合には、同意権・取消権や代理権を付与する審判の取消しの申立てをすることができるだけでなく、補助開始の審判自体の取消しの申立てをすることも可能である（民18条）。このことから、補助類型は、本人の状況の変化に合わせた柔軟な

9) 前掲河上70-71頁。

対応をすることができるように設計されているといえる[10)]。

このように、補助類型は、自己決定の尊重、ノーマライゼーション、残存能力の活用といった理念に沿った柔軟かつ弾力的な利用しやすい制度として設計されているといえる。そのため、本人が第三者の支援を必要とする特定の法律行為についてのみ補助人に代理権を付与し、本人の代理人として当該行為をしてもらうという利用方法を中心とし、同意権・取消権については、自己決定の尊重及び取引安全の観点から、その付与は慎重な考慮が必要であり、悪徳商法による被害や消費による財産が失われる危険性が具体的に認められる場合など、一定の場合に付与すべきものと考えられる[11)]。補助人に同意権・取消権が付された事項に関しては、本人が決定を行った際に不利益を被った場合、その後にその行為を取り消すことができ、本人の意思を確認したうえでの「後追い支援」が可能である[12)]。

（イ）補助類型の利用状況

現行制度では、本人の判断能力が著しく不十分な程度まで低下してしまうと、補助類型を利用することができなくなってしまうため（民11条）、本人の判断能力の低下が疑われ、かつ、特定の重要な法律行為について第三者による支援の必要性が具体的に認められる状態に至ったときは、速やかに補助類型の利用することが必要であろう。しかし、令和

10) この点において、上述した「一元的な制度とすると、特定の法律行為（例えば、遺産分割協議）のみについて後見人等に代理権を付与し、ほかの点では放置するといった「制度のつまみ食い」が予想された」との想定は、当たっていないことになろう。代理権が付与されていない行為については、本人が自ら行うことが可能であり、自己決定を尊重するという観点からは、それが望ましいのである。また、本人が自らその行為を行うことに不安や支障があるのであれば、補助人に代理権を付与すればよいのだからである。さらに付言すると、補助開始の審判がされた後に、特定の行為（例えば、保険契約の解約）をする必要があったため、家庭裁判所に対して、その特定の保険契約の解約についての代理権付与の審判の申立てをしたところ、家庭裁判所から、補助人に代理権付与されていない行為については、本人の判断能力が十分にあるのだから委任状をもらって対応するようにとの回答があり、当該申立てを取り下げたことが実際にあったのである。しかし、このような運用は不当であると考える。補助開始の審判を申立てた際には、想定していなかった行為について、その行為をする必要が生じ、その行為を本人が自ら行うことについて不安・支障があるのであれば、補助人に代理権を付与することこそが、補助類型が想定している利用方法だからである。

11) 新井誠編「成年後見―法律の解説と活用の方法」（有斐閣、2000 年）61-62 頁。

12) 前掲新井・赤沼・大貫編 240 頁。

4年における成年後見制度の申立件数は、後見開始の審判の申立件数が27,988件なのに対し、保佐開始の審判の申立件数は8,200件、補助開始の審判の申立件数は2,652件であり（「概況」参照）、判断能力を欠く常況に至ってから成年後見制度の利用の申立てをしているのが実情である。それだけでなく、令和4（2022）年12月末日現在における利用者数をみても、後見類型の利用者数が178,316人、保佐類型の利用者数が49,134人、補助類型の利用者数が14,898人となっており（「概況」参照）、成年後見制度全体の利用状況としても後見類型の利用が圧倒的に多いことがわかる。現行制度においては、補助制度の理念や利点を普及し、早い段階で成年後見制度の利用を促していく必要があろう。また、社会福祉協議会が実施する「日常生活自立支援事業」を利用し、日常生活以外の事項について第三者による支援が必要になった段階で、補助類型に移行するという方法もある[13]。

（ウ）補助類型と委任契約との関係

なお、補助類型では、本人にある程度の判断能力が残されている以上、財産管理等の委任契約（民643条）で対応すべきだとする見解がある[14]。これは、補助類型は、家庭裁判所が代理人を選任し、それを監督するものであり、事実上委任契約の代替利用される可能性があるが、ひとたび補助開始の審判がなされて補助人が選任され、代理権が付与されると、本人が任意に解任することはできず、本人への制約が大きいからであるとする。このような消極的な姿勢があることから、成年後見制度の利用自体が低調なものとなってしまっているのではないか[15]。確かに、代理権が付与された場合、代理行為の時点で、本人の意思と関係な

---

13) なお、日常生活自立支援事業を利用するには、本人が社会福祉協議会と契約を締結する必要があるので、本人に判断能力がなければならない。継続中の契約についても同様である。判断能力が低下した場合には、成年後見制度の利用が期待されるところである。日常生活自立支援事業契約の解約理由としては、本人の死亡・成年後見制度の利用・任意後見契約の締結・施設入所などが挙げられている（日常生活自立支援事業の利用と判断能力との関係につき、前掲新井・赤沼・大貫編255-257頁参照）。

14) 内田貴「民法Ⅰ（第4版）総則・物権総論」（東京大学出版会、2008年）117-118頁。

15) 2025年の認知症の有病者数は約700万人となるといわれているが（厚生労働省「成年後見制度の現状」参照）、令和4（2022）年12月末日現在の成年後見制度の利用者総数は245,087人である（「概況」参照）。

く、後見人等が単独で有効な行為をなし得ることを認める結果をもたらすことになり、本人の利益を侵害する大きな危険を孕んでいることに注意しなければならない[16)]。しかし、具体的な必要に応じて代理権が付与され、支援付意思決定に基づいて本人の意思形成がされるのであれば、自己決定を尊重することができ、かつ、本人が自ら行うことが困難な行為について、本人の能力を補完することができ、ノーマライゼーションの理念に沿うことになる。このように運用されるのであれば、補助人への代理権の付与が、本人にとって大きな制約となることはないばかりか、本人の自己決定した意思を実現することが可能となり、本人にとっても有益なものとなろう。また、本人が自ら行うことができる行為については、自らその行為をすることができるので、残存能力を活用することもできるのである。このことから、後見人等による代理権を行使するにあたっては、その代理権を付与する段階から、本人の意思形成をするプロセスが極めて重要であり、その支援体制の構築が重要な役割を果たすことになろう。

(エ) 補助類型の積極的活用と成年後見制度自体の利用との関係

ただ、成年後見制度を利用する際には、補助類型を積極的に活用すべきであるが、これは、本人の判断能力が低下したからといって成年後見制度を必ず利用すべきということではない。成年後見制度の利用にあたっては、その利用は補充的であることを明示すべきである。これは、本人の判断能力が低下していれば、成年後見制度を開始させるのではなく、事務処理の必要に応じて法定代理という方法を通じて支援する制度であることを明確にすることである[17)]。すなわち、本人を支援する地域ネットワークによって本人の自己決定が支えられている場合には、不必要に成年後見制度を利用すべきでない[18)]。例えば、家族、地域包括支援センター、社会福祉協議会、ケアマネージャー、ホームヘルパーなどにより、本人の自己決定の支援体制が確立しているような場合には、成年後見制度の利用をする必要がない。このような支援体制が確立していて

---

16) 前掲河上 73 頁。
17) 前掲新井「生成と展開」94 頁。
18) 前掲松井・川島 192 頁。

も、事務処理における課題が解決しない場合に初めて成年後見制度を利用すべきである。このような仕組みを明示することが、障害者権利条約12条3項の趣旨に沿うものといえるだろう。

②同意要件との関係

(ア) 本人の同意を求めることの問題点

成年後見制度には、補助・保佐・後見の3つの類型がある（民15条1項・11条・7条)。これらの類型のうち、家庭裁判所にて審判の申立てをする際に、本人の同意が必要となるものがある。補助開始審判の申立て（民15条1項2項)、補助人に同意権または代理権を付与する審判の申立て（民17条1項2項・876条の9第1項2項・876条の4第2項)、保佐人に代理権を付与する審判の申立て（民876条の4第1項2項）である。これらの場合には、本人、配偶者、四親等内の親族等に審判の申立てをすることが認められているが、本人にある程度の判断能力があることから、本人の意思を尊重するため、本人以外の者が審判の申立てをする際には、本人の同意が求められている。

しかしながら、たとえある程度の判断能力があるとはいえ、判断能力が低下した本人がその内容を理解したうえで同意することは困難であると言わざるを得ない。家庭裁判所において本人との面談の際には、参与員や調査官から代理権や同意権の付与について一つ一つ同意の有無を確認しているが、本人に第三者に支援を求める意思はあるが代理権や同意権の具体的な内容が理解できないことや、事前に同意をしていても参与員等が確認する際にその事実を失念していることが起きているのが実情である。

もし、このような状況では代理権や同意権を補助人・保佐人に付与できないとすれば、本人の支援に必要な体制を整えることが困難なものとなってしまう。特に、補助類型において、本人の意思を確認したうえでの「後追い支援」を実現するには、補助人に対して、具体的な必要に応じて個別に同意権・取消権を付与することが不可欠である。しかし、このような状況にある本人にこそ、第三者による支援が必要ではないだろうか。家庭裁判所は、本人にどのような支援が必要なのかという視点で代理権や同意権の付与等について検討し判断することとして、本人の同意は不要とすることが、本人に本当に必要な支援を提供することになるのではないかと考えられる[19]。

(イ) 同意要件の撤廃と本人の意思尊重との関係

同意要件を不要とした場合における本人の意思の尊重に関しては、補助人・保佐人はその事務を遂行するにあたり、本人の意思を尊重することが法律上求められており（民876条の10第1項・876条の5第1項)、その事務の遂行については家庭裁判所に監督されているため（民876条の10第1項・876条の5第1項・863条1項)、補助人・保佐人がその事務を遂行するにあたって尊重していくことになる。そのためには、障害者権利条約12条3項が定める「支援付意思決定」に基づいて、本人が意思決定をすることができる体制を形成することが不可欠である。他方では付与の対象は必要かつ相当な範囲に限られるべきである。

(ウ) 現行法における運用

ただ、現行法上は、上述のとおり本人の同意が要件とされている場合があるため、この場合には、家庭裁判所としては、本人の同意を確認しないわけにはいかないだろう。しかし、例えば、代理権の付与については、あまり厳格に同意の有無を確認するのではなく、必要性を考慮しながら同意の有無をある程度緩やかに判断するといった運用が考えられるのではないか。

(3) 保佐類型・後見類型の利用について

①保佐類型の利用

本人の判断能力が著しく不十分な程度である場合には、保佐類型を利用せざるを得ない（民11条)。ただ、この場合の保佐人の在り方は、上述した補助類型における在り方と変わるところはないと考えるべきであろう。

本人が第三者による支援を必要とする範囲内で、保佐人に対して、代理権を付与することとなる（民876条の4第1項2項)。また、目的を達

---

19) 前掲新井「生成と展開」94頁。ただし、補助類型一元化を前提としている。

成した法律行為については、それを対象とする代理権を付与する審判の取消しの申立てをすることが可能であり（民876条の4第3項）、本人の支援の具体的な必要性に応じた柔軟な対応が求められる。

同意権・取消権に関しては、保佐類型では補助類型と異なり、重要な法律行為について保佐人に対して、画一的に同意権・取消権が付与されることとなっており（民13条1項4項）、具体的な必要に応じて個別に付与することはできないが、それを行使する際の在り方は、補助類型と同様に本人の意思を確認したうえでの「後追い支援」を心がける必要があろう。すなわち、本人が、同意権・取消権の対象となっている重要な法律行為を、保佐人の同意を得ることなくしたとしても、それらすべての法律行為を取り消すのではなく、その際に本人が不利益を被った場合に限ってその行為を取り消すといった対応が考えられる。

②後見類型の利用

本人が判断能力を欠く常況にある場合には、後見類型を利用せざるを得ない（民7条）。この場合においても、後見人の在り方は、上述した補助類型における在り方と変わるところはないと考えるべきである。

後見人には、日常生活に関する行為を除くすべての法律行為について包括的な代理権が付与される（民859条1項）。また、後見人は、本人がした日常生活に関する行為を除くすべての法律行為を取り消すことが可能であり（民9条）、たとえ後見人が本人に対して同意を与えていたとしても、本人がその法律行為を取り消すことができるのである（補助類型・保佐類型と異なる点である）。これは、後見類型の場合、本人は判断能力を欠く常況になるのだから、事前の同意に従って当該行為を適切にすることが期待しがたいからである[20]。

このように、後見類型では、後見人に対して、広範な代理権と取消権を付与される。後見類型においては、本人は判断能力を欠く常況にあるのだから、後見人がその法定代理人として法律行為をすることになる。しかし、後見人が代理権を行使するにあたっては、支援付意思決定によ

20) 前掲河上83頁。

り本人が決定した意思に基づくものであることが求められる。

また、本人が自ら法律行為をした場合であっても、それによって本人が不利益を被った場合に限って取消しをすることとし、そうでない場合には、後見人がその行為を追認して有効なものと確定させることが、自己決定を尊重しつつ本人を支援することを可能なものとするのではないか。後見類型における本人がした法律行為は、後見人が取り消すことができるのであるから（民9条・120条1項）、追認することもできるのである（民122条）。

③保佐類型・後見類型と資格制限

なお、従来は、保佐類型と後見類型においては、資格制限の規定が設けられていた。資格制限とは、保佐開始・後見開始の審判を受けることにより、一定の資格を喪失することや制限されることである。

保佐類型・後見類型に共通する資格制限規定は、公務員法による国家公務員や地方公務員などの就業資格の喪失、弁護士・司法書士・医師などの専門資格の喪失、株式会社の取締役・医療法人や社会福祉法人の役員などの役員資格の制限があった。これらの規定に該当する場合には、その資格を喪失し、または、その資格に就くことが制限されていたのである。

また、後見類型に特有の資格制限規定としては、公職選挙法において選挙権が認められていなかった。さらに印鑑登録をすることができないとされていた。

これらの規定については、まず、後見類型において選挙権を認める法改正が平成25（2013）年にされた。その後、印鑑登録については、後見開始の審判を受けると抹消されるが、必要があれば再登録することができるようになった。

さらに、成年後見制度の利用の促進に関する法律により、保佐類型・後見類型に共通する資格制限規定は、全面的に見直された。その結果、これらの資格制限規定は削除されるとともに、心身の故障などの状況を個別的・実質的に審査し、制度ごとに必要な能力の有無を判断する規定（個別審査規定）が整備された（180法律程度）。これは、保佐類型・後見類型における本人の人権が尊重され、保佐開始・後見開始の審判を受けていることを理由に不当に差別されることがないようにするための措置である。これにより、保佐類型と後見類型の本人であっても、行為能力者と同様の扱いを受けることとなり、制限行為能力者であることをもって画一的な制限を受ける状況が改善し、ノーマライゼーションの理念に近づいたと考えられる。

このように、保佐類型・後見類型においても、資格制限規定が削除され、もともと資格制限規定のない補助類型と同様なものとなった。

(4) 本人を中心としたネットワークの形成

これまで述べてきたように、現行の成年後見制度を利用するにあたっての在り方としては、障害者権利条約 12 条 3 項が定める「支援付意思決定」に基づいて、本人の自己決定を尊重するものでなければならない。そのためには、後見人等は、本人を単に代理するのではなく、その意思決定を支援する人として存在する必要がある。後見人等における本人の意思決定を支援する在り方としては、本人のニーズと後見人等の支援可能性とをコミュニケーションを通じて交換し、両者で意思決定に向けてその意思を形成していく過程を重視することが求められる。しかし、この過程全体を後見人等のみで支援することは困難である。本人の日常生活を支援するには、本人の身の回りの世話などの事実行為を含むため、そこに携わるケアマネージャーやホームヘルパーなど社会福祉の関係者の協力が不可欠である。そこで、これら本人を支援する関係者と、本人の意思決定を支援するためのネットワークを形成し、その関係者からもたらされる情報や専門的見解を考慮したうえで、複数の関係者による意思形成が必要となると思われる。

これは、本人のニーズを充足するために、自己の価値観に基づく自由な主張が困難な本人とともに、本人の意思形成についてネットワークを通じて各関係者に周知し、さらなる共有を促すことである。本人と後見人等との二者間のみによる意思形成にとどまることなく、各関係者との間で意思形成をして共有することが重要である。この際に、本人の意思が見失われるようなことがあってはならない。また、後見人等としては、各関係者からもたらされる本人にとって有用な情報を、本人が理解しやすいように工夫することで、各関係者と本人との双方向の理解を促進し、本人を中心とした意思形成とそれに基づく支援方針が明確化されるように努力する役割がある。

このように、本人を中心とした意思形成のための各関係者とのネットワークを構築し、多元的な意思形成の支援をすることは、上述した「意思決定支援を踏まえた後見事務のガイドライン」の内容に沿うものであるだけでなく、「障害者権利条約」の理念に適うものであるといえるだろう。ただ、後見人等としては、「意思決定支援を踏まえた後見事務のガイドライン」が述べているとおり、意思形成の支援だけでなく、意思表明の支援についての視点を忘れてはならない。本人を中心としたネットワークにおいて、各関係者と連携し、本人が自己の意思を表明しやすい環境を整備するという役割も、後見人等として担っているといえるだろう。

事項索引

判例索引

著者紹介

三田 佳央（みた よしちか）

昭和60(1985)年　愛知県に生まれる
平成22(2010)年　行政書士試験合格
平成28(2016)年　司法書士試験合格
平成29(2017)年　司法書士登録、簡裁訴訟代理等関係業務認定(法務大臣認定司法書士)
平成30(2018)年　成年後見センター・リーガルサポート入会、行政書士登録、「司法書士・行政書士　三田事務所」開設

現在：司法書士・行政書士(「司法書士・行政書士　三田事務所」代表)、成年後見センター・リーガルサポート会員

成年後見法の道標1
―法定後見―

2024年7月31日　初版第1刷発行

著　　者　三田佳央
発 行 所　株式会社共同文化社
〒060-0033　札幌市中央区北3条東5丁目
Tel 011-251-8078　Fax 011-232-8228
E-mail info@kyodo-bunkasha.net
URL https://www.kyodo-bunkasha.net/
印刷・製本　株式会社アイワード

落丁本・乱丁本はお取り替えいたします。

ISBN 978-4-87739-410-3